JN059535

なぜ多国籍企業への課税はままならないのか

浅妻章如 著

中央経済社

まえがき

GAFAM（Google，Apple，Facebook，Amazon，Microsoft）とか大企業が，何かズルして税金逃れしているんでしょ？　許せねえ！　……でも，課税庁だって対策はしているだろうし，租税回避対策も一筋縄ではいかない理由があるのかも

と思っている人を，本書は読者として想定しています。

企業側の頭の良い人が租税負担を回避しようと，課税庁側の頭が良い人が租税の効率性や公平を確保しようと日々考えています。

もっと言うと租税の問題にしろ他の問題にしろ，**◇◇を△△にすればOK，みたいなスッキリ爽快な解決策は，そうそうあるものではないはずだ。あるなら，既に採用されているはずだ**という程度の穏健な思考を持っている人で，国際租税法について勉強する機会がなかったけれど少し齧（かじ）ってみようかな，という人を本書は読者として想定しています。

また，前著『ホームラン・ボールを拾って売ったら二回課税されるのか』（中央経済社，2020年）と同様，本書は高校卒業程度の知識を前提とし，法学部以外の読者を想定しています。

一筋縄ではいかないことを解説することを目指しているので，**で，結局何なの？**というわかりやすさには辿りつけないことは，ご理解いただかなければなりません。本書は**利子課税**と**独立企業間原則**を主に攻撃していますが，それをやっつければスッキリ解決，というほど，ことは単純でもありません。

多くの国際租税法の教科書は，租税法の勉強をしたことがあることを前提にしていますが，本書は，租税法を勉強したことがない読者を想定し，国際取引と無関係に，租税法学の出発点である包括的所得概念の意義と包括的所得概念

批判から出発しています。この批判は租税と時間との関係を扱うのですが，直感的にわかるものではありません。したがって包括的所得概念に慣れていただくために，15章構成のうち最初の５章を割いています。

『ホームラン～』をお読みの方は，本書第６章までは読み飛ばしても大丈夫だと思います。しかし，『ホームラン～』の第８章で法人所得税の存在意義を扱ったところ，駆け足になってしまった，という反省があります。駆け足と感じた読者には，本書第６章までの部分で丁寧に説明し直したことが役に立つと思います。

また，所得をイメージできるように実体の説明に重点を置いた結果，本書は手続面の叙述が薄くなってしまっています。そのため，網羅性，体系性が犠牲になっています。

本書は，立教大学で非法学部生向けの14回講義を進めながら書いていったのですが，第11章（所得源泉）で（私の博士論文のテーマであったため）熱くなってしまい，２つの章になりました。第12章は飛ばしてもよいかもしれません。

本書で紹介するいくつかの事例で，私は課税庁側または納税者側から金銭を受けています。そこは正直に書きました。およそ人の書いたものについて，偏っている可能性を読者は留意すべきですが，特に偏っている可能性にご留意ください。

本書では，「　」『　』を引用のために用い，【　】を区切りの明確化のために用います。本書は人名に敬称や職名を付しません。また，MMDDYYYYやDDMMYYYYを用いず，年月日（YYYYMMDD）で表記します。

浅妻　章如

目　次

第７章　所得課税と国家間資源配分 ―― 91

第８章　源泉課税管轄の制限①：投資所得の税率制限 ―― 105

所得課税vs.消費課税

1 所得課税は不公平？

好きな物を先に食べますか？　後の楽しみに残しておきますか？

食事の場合，数十分の時間差でしかありませんが（マシュマロ・テスト[1]は再現性が怪しいようですし），先に楽しみたい人もいれば後に残しておきたいという人もいます。ところで，消費課税と比べて所得課税は，楽しみを後に残す派を不利に扱い不公平である，という議論が昔からあります。

ここでいう**所得課税**とは，包括的所得概念に基づいて所得税を課すことです。**消費課税**とは，消費型所得概念に基づいて所得税を課すことです。

包括的所得概念とは，ある期間（通常は一年）の課税対象としての所得を **所得＝消費＋純資産増加** と定義する考え方です。

消費型所得概念とは，課税対象としての所得を **所得＝消費** と定義する考え方です[2]。現在の日本の消費税法に基づく税（本書では**付加価値税**と呼びます。**第5章**と**第6章**で詳述します。本書では消費課税と**消費税**を異なる意味で用います。消費税という語は，付加価値税の他に酒税やたばこ税等も含みます）についての話ではありません。

所得課税と消費課税の論争，言い換えると包括的所得概念と消費型所得概念の論争は，所得税法の課税対象としての所得をどう定めるかについての論争です。

第１年度と第２年度という２期間を生きるＡ氏，Ｂ氏で次のような想定の下で考えてみましょう。

Ａ氏もＢ氏も，第１年度の賃金だけが消費の資金源であり，第２年度は第１

1　ウォルター・ミシェル（柴田裕之訳）『マシュマロ・テスト』（早川書房，2015），Tyler W. Watts, Greg J. Duncan, & Haonan Quan, Revisiting the Marshmallow Test：A Conceptual Replication Investigating Links Between Early Delay of Gratification and Later Outcomes, 29(7) Psychological Science 159-1177 (2018)（https://doi.org/10.1177/0956797618761661）参照。

2　浅妻章如『ホームラン・ボールを拾って売ったら二回課税されるのか』第６章（中央経済社，2020）では制限的所得概念も説明しましたが，本書では触れません。

年度の貯蓄を引き出して消費し，A氏もB氏も第2年度末までに使い切ります（親から財産を受け取らず，子に財産を遺さない）。

A氏もB氏も，第1年度に税引前賃金5,000を稼得します。なお，計算の便宜のため所得税率は40%の比例税率[3]の世界を想定します。このとき，所得課税の世界では5,000×40%＝2,000の税をA氏もB氏も第1年度に納めます。

A氏とB氏は，税引後の所得である5,000－2,000＝3,000を第1年度と第2年度の消費にどう配分するかだけが異なります（【貯蓄性向（propensity to save）が異なる】とも表現します）。具体的に，A氏は第1年度の消費額：貯蓄額を6割：4割に配分し，B氏は3割：7割に配分します。すなわち，A氏は第1年度に3,000×6割＝1,800を消費し，1,200を貯蓄する，B氏は第1年度に900を消費し，2,100を貯蓄します。

ここで，税引前利子率が10%（年複利）であるなら[4]，A氏の第1年度の貯蓄1,200は，第2年度に税引前元利合計1,320（＝1,200×（1＋10%））になります。このとき，所得課税の世界では，A氏は第2年度に税引前利子120（＝1,320－1,200）について48（＝120×40%）の税を納めます。A氏の第2年度の消費額は1,320－48＝1,272となります。

B氏の第1年度の貯蓄2,100は，第2年度に税引前元利合計2,310（＝2,100×（1＋10%）になっています。税引前利子210（＝2,310－2,100）について84（＝210×40%）の税を納めます。B氏の第2年度の消費額は2,310－84＝2,226となります。

A氏の消費は第1年度に1,800，第2年度に1,272でした。B氏の消費は第1年度が900，第2年度が2,226です。

単純に消費額合計を比較すると，A氏の1,800＋1,272＝3,072よりB氏の900＋2,226＝3,126のほうが多いです。

しかし，第1年度と第2年度の消費額を単純に合計して比較することは不適

3 現実の日本では所得税法89条1項が累進税率（所得が多いほど税率が高くなる）を定めています。
4 計算の便宜のための想定であり，現実世界よりおそらく高い利子率です。脚注49参照。

切です。人は一般に，翌年の100を今の100より低く評価します（**時間選好**といいます）。今，100の消費を諦めても構わないので翌年に100より高い額を返済すると約束する人に100を貸してもよいと考える人と，今すぐ100を使う事情があって翌年に100より高い額を返済することを受け入れる人が，貸し借りをするとします。

先ほど想定した利子率10％の世界では，第１年度の100と第２年度の110とが経済実質的に等価であるということです。利子は，時間をまたいだ（**時際**（じさい）または**異時点間**または**通時的**（inter-temporal）といいます）調整項目であり，**time value of money**（タイム ヴァリュー オブ マネー）と呼びます。**金銭の時間的価値**という訳語がありますがカタカナで呼ぶことが多いです。年**複利**を想定しているので，今の100は１年後の110と等価であり２年後の121（$=100\times(1+10\%)^2\neq 100\times(1+10\%\times 2)$）と等価です。なお，$100\times(1+10\%\times 2)$ のような計算は**単利**と呼びます。

利子率10％（年複利）の世界では，第３年度の121は第２年度に**割り引く**（discount）と110であり第１年度に割り引くと100である，という言い方をします。第２年度の110の第１年度における**割引現在価値**（discounted present value）は100である，という言い方もします。ちなみに，年複利なので，第３年度の100の第１年度における割引現在価値は約83（$\fallingdotseq 100\div(1+10\%)^2$）です。利子率（interest rate）と割引率（discount rate）は異なりますが，ここでは計算の便宜のために，利子率と割引率がともに10％であると想定しています（time value of moneyとか，割り引くとか，耳慣れない言葉と思いますが，徐々に慣れていきましょう）。

Ａ氏とＢ氏の消費額を適切に比較するには，第２年度の消費額を第１年度の現在価値に換算する，または第１年度の消費額を第２年度の価値に換算する必要があります。

Ａ氏の場合，第２年度の消費額1,272の第１年度における割引現在価値は1,156（$\fallingdotseq$1,272/1.1）であり，第１年度の消費額と合計すると1,800＋1,156＝2,956です（第２年度の価値に換算すると，1,800×1.1＋1,272＝3,252）。

B氏の場合，第２年度の消費額2,226の第１年度における割引現在価値は2,024（≒2,226/1.1）であり，第１年度の消費額と合計すると900＋2,024＝2,924です（第２年度の価値に換算すると，900×1.1＋2,226＝3,216）。

time value of moneyを考慮してA氏とB氏の消費額を比較すると，B氏のほうが第１年度の現在価値に換算して32（＝2,956－2,924）[5]の不利，第２年度の現在価値に換算すると36（＝3,252－3,216）の不利です。

36は，A氏とB氏の第１年度の貯蓄額の差900（＝2,100－1,200）に，税引前利子率10％を掛け合わせ，さらに税率40％を掛け合わせた値（900×10％×40％＝36）です。つまり，多く貯蓄するB氏は，貯蓄差額×利子率×税率の分，第１年度の貯蓄が少ないA氏より不利です。所得課税は，A氏よりB氏を冷遇します。だから所得課税は不公平である，と包括的所得概念を批判する人が昔からいるのです。

2 公平（equity）の意味

ここで公平の意味について確認します。**公平**（equity）に関し，同等の経済力の人に同等の税負担を課すべきとする公平のことを**水平的公平**（horizontal equity）と呼びます。

> **A氏とB氏の資源（第１年度の税引前賃金5,000）が等しいのに，つまりA氏とB氏の経済力が同等であるのに，年度間の消費の配分の違いによって，A氏とB氏との間で有利不利が生じてしまう所得課税という仕組みは，水平的公平を害している**

というのが，包括的所得概念を批判する人（所得課税批判者）の主張です。

水平的公平に対し，経済力が違う場合はその違いに応じて税負担も変わるべきとする公平のことを**垂直的公平**（vertical equity）と呼びます。豊かな人が

5　小数点以下も計算すると$32.\dot{7}\dot{2}$であり，$32.\dot{7}\dot{2}$=36/1.1です。

比例より多くの割合の税を負担することを**累進**（progressive。反対語は**逆進**または**累退**（regressive））と呼びます。累進は垂直的公平を実現します（垂直的公平は難しいので本書であまり扱いません）。

税制に関して，「公平」を以上の意味で用いるということについて共通了解がありますが，法律家が公平という語を使う際の意味は，あまり確立していません。他方で，法律家の間では公平（形式的平等）と**衡平**（実質的平等）とを使い分けることがあります。しかし，私は公平と衡平の使い分けにあまり意味がないと考えています[6]。本書も衡平という語は用いません。

また，公平と中立性という語は巷間では似た語として用いられますが，税制について論じる際，公平と中立性は明確に違う文脈で用いられます。

公平は経済力が同等か異なるかという状態に着目しています。誰にどのような資源が与えられるべきか（または奪われるべきか）という**分配的正義**（distributive justice）の文脈で公平という語を用います。

他方，**中立性**（neutrality）は，税制が人々の行動をどう変化させるか，という文脈で用います。所得課税はA氏よりB氏を不利に扱うので，最適な（optimal）貯蓄水準より貯蓄を減らすという**歪み**（ゆがみ）（distortion。**撹乱**（かくらん）とも訳します）をもたらし，非中立的である，といった用語法です。中立性は**効率性**（efficiency）の文脈で用いますが，**第7章4**の図表7-2を見て視覚的に中立性と効率性を理解できるようになりますので，お待ちください。本章は公平を中心に扱います。

3 貯蓄性向の違いに関し有利不利を生じさせない課税方式

所得課税批判者は，A氏とB氏とを公平に扱うための方法として，yield exemption方式（定訳はなし。収益非課税方式）またはexpensing方式（定訳

---

6 浅妻・脚注2，66頁。

はなし。全額即時控除方式）を推奨します。

yield exemption方式（イールド イグゼンプション）とは，利子を非課税とする課税方式です[7]。yield exemption方式を採る場合，A氏は第2年度に税引前元利合計1,320（＝1,200×1.1）を受け取り，非課税のまま1,320全額を消費します。第2年度の1,320の第1年度における割引現在価値は1,200（＝1,320/1.1）であり，A氏の消費額合計はtime value of moneyを考慮して第1年度の現在価値で計算すると1,800＋1,320/1.1＝3,000です。B氏についても同様に第1年度における割引現在価値で計算すると900＋2,310/1.1＝3,000です。

所得課税の下では多く貯蓄する人は **貯蓄差額×利子率×税率の分，不利** であると述べました。利子課税がB氏を不利にしているので，利子非課税とすることで，A氏とB氏との間の水平的公平が保たれます。

expensing方式（イクスペンシング）とは，貯蓄額を課税対象所得から控除（deduct）する課税方式です。expenseという動詞は，【費用として扱う】という意味です。

A氏が第1年度の税引前賃金5,000の4割を貯蓄したとすると，第1年度の貯蓄額2,000を控除した3,000（＝5,000－2,000）が第1年度の課税対象所得となります。すると，A氏の第1年度の税額は1,200（＝3,000×40％）となり，消費額は1,800（＝3,000×（1－40％））となります。A氏の第2年度の税引前元利合計は2,200（＝2,000×1.1）であり，税額は880（＝2,200×40％）となり，消費額は1,320（＝2,200×（1－40％））となります。

B氏が第1年度の税引前賃金5,000の7割を貯蓄したとすると，第1年度の貯蓄額3,500を控除した1,500が第1年度の課税対象所得となります。B氏の第1年度の税額は600（＝1,500×40％）となり，消費額は900（＝1,500×（1－40％））となります。B氏の第2年度の税引前元利合計は3,850（＝3,500×1.1）であり，税額は1,540（＝3,850×40％）となり，消費額は2,310（＝3,850×（1－40

7　ここでは利子全額を非課税としていますが，非課税利子の範囲について詳細は第4章7までお待ちください。

%)）となります。

time value of moneyを考慮してA氏とB氏の消費額合計を比較すると，A氏の消費額合計は1,800＋1,320/1.1＝3,000（第1年度換算）であり，B氏の消費額合計は900＋2,310/1.1＝3,000（第1年度換算）です。やはり，A氏とB氏との間の水平的公平が保たれます。

図表1-1　所得課税と消費課税の比較（第1年度賃金5,000，利子率10%，税率40%）

	所得課税		消費課税			
			yield exemption		expensing	
	A	B	A	B	A	B
①第1年度税	2,000	2,000	2,000	2,000	1,200	600
②第1年度消費	1,800	900	1,800	900	1,800	900
③第1年度貯蓄	1,200	2,100	1,200	2,100	2,000	3,500
④第2年度元利（③×1.1）	1,320	2,310	1,320	2,310	2,200	3,850
⑤第2年度税	48	84	0	0	880	1,540
⑥第2年度消費	1,272	2,226	1,320	2,310	1,320	2,310
⑦消費単純合計（②＋⑥）	3,072	3,126	3,120	3,210	3,120	3,210
⑧第1年度換算の消費合計（②＋⑥/1.1）	2,956	2,924	3,000	3,000	3,000	3,000
⑨第2年度換算の消費合計（②×1.1＋⑥）	3,252	3,216	3,300	3,300	3,300	3,300

expensing方式は，貯蓄額を課税対象から控除し，消費に充てる部分だけを課税対象としているので，消費課税の一方式と位置付けられます。

また，yield exemption方式は賃金のみに課税し利子には課税しない方式であるところ，計算上yield exemption方式とexpensing方式も同様の課税結果をもたらす[8]ので，yield exemption方式も消費課税の一方式と位置付けられます。

所得課税と消費課税との違いは，利子に課税する（所得課税）かしない（消費課税）かの違いであり，所得税法で課税するか（直接税），消費税法で課税するか（間接税）という違いではありません。

本章1で，包括的所得概念の 所得＝消費＋純資産増加 という考え方と，消費型所得概念の 所得＝消費 という考え方が対立している，と述べました。

消費課税は，

純資産増加を課税対象としないこと
≒利子に課税しないこと
≒貯蓄を課税対象から控除すること
≒消費だけに課税すること
≒賃金だけに課税すること

という意味で用いられます。

4 所得課税と消費課税の税率の微調整

所得課税の下で第2年度にA氏及びB氏が利子について税（48＋84＝132）を納めることと比較すると，消費課税の下では税収が不足する，という懸念を読者は抱くかもしれません。消費課税の下でも同様の税を徴収しようとするならば，税率を少し上げることになります。

本章1想定の所得課税の税収と同じ税収を確保する，利子に課税しない所得課税（yield exemption方式またはexpensing方式）の税率を具体的に考えてみ

8　計算の便宜のため比例税率を想定しましたが，累進税率を想定すると課税結果が同じになるとは限りません。この問題を解消するためには，一年毎の課税対象額に累進税率を適用するのではなく，生涯の課税対象額に累進税率を適用するなどの工夫を要します。浅妻・脚注2，245頁参照。

ましょう。

所得課税の**図表1-1**の⑤のとおり，利子に課税する場合の第2年度の税額はAとB合わせて132です。これは第1年度の価値に換算すると132/1.1＝120です。

yield exemption方式の第1年度におけるA，Bの課税対象額合計は，10,000（＝賃金5,000×2）です。120÷10,000＝1.2％ですので，税率を40％から41.2％に上げると，税収4,120（＝5,000×41.2％×2人）となって，所得課税の**図表1-1**の，

$$2{,}000+2{,}000+\frac{48}{1.1}+\frac{84}{1.1}=4{,}120$$ ←第1年度換算での所得課税での合計税収

と同じとなります。

yield exemption方式の課税制度で，税率を41.2％とすると，A氏の第1年度税額は5,000×0.412＝2,060です。A氏の第1年度の税引後所得は2,940（＝5,000－2,060）で，この6割すなわち1,764を消費し，2,940－1,764＝1,176を貯蓄し[9]，第2年度に元利合計1,294（≒1176×1.1）を消費するとします。B氏は第1年度に税引後所得の2,940の3割すなわち882を消費し，2,940－882＝2,058を貯蓄して，第2年度に元利合計2,264（≒2,058×1.1）を消費するとします。二人の消費額を第1年度の価値に換算すると（2,060＋1,294/1.1）＋（882＋2,264/1.1）＝5,880です。これは，所得課税の**図表1-1**の⑧の第1年度換算の二人の消費額合計（2,956＋2,924＝5,880）と同じです。

expensing方式では，税率41.2％の下で，A氏は第1年度に2,000を貯蓄し，3,000×41.2％＝1,236の税を納めます（第1年度のA氏の消費は1,764（＝3,000－1,236））。第2年度のA氏の税は2,000×1.1×41.2％≒906です（消費は1,294（＝2,200－906））。B氏は第1年度に3,500を貯蓄し，1,500×41.2％＝618の税を納

9　貯蓄の割合は変わらないと想定していますが，正確には，税率が上がりA氏・B氏が1.2%貧しくなると貯蓄も1.2%減らすとは限らず，貯蓄の割合が変わるかもしれません。金融調査研究会第2研究グループ「人生100年時代における私的年金制度と金融所得税制のあり方」最終報告書（2020.11.6公表）の「第3章　資産形成と課税」65～91頁，74頁（林正義）参照。

め，882（＝1,500－618）を消費します。第２年度のＢ氏の納める税は3,500×1.1×41.2％≒1,586，消費は2,264（＝3,850－1,586）です。二人の税額を第１年度の価値に換算すると1,236＋906/1.1＋618＋1,586/1.1＝4,120です。二人の消費額を第１年度の現在価値に換算すると，(2,060＋1,294/1.1)＋(882＋2,264/1.1)＝5,880です。やはり図表１－１の所得課税の⑧と同じです。

5 住宅を購入する場合

日本の所得税法は23条で利子所得も課税対象に含めているので，原則として所得課税を採用しています。しかし，庶民（中流または下流の所得階層）にとっての主な投資先は年金と住宅であるところ，経済実質的にこれらの投資については所得課税が貫徹されていません。

公的年金について，所得税法74条が社会保険料控除を定めており，年金掛金は控除されます。一方で，年金受領時には原則として所得税法35条の雑所得として課税対象に算入されます。つまりexpensing方式です（NISA[10]のように少額投資についてyield exemption方式が採用される例も多く見られます）。日本に限らず，所得課税が原則であるとはいっても，庶民にとって経済実質的に所得課税はあまり適用されていません。

住宅については，先に**帰属所得**（imputed income）という概念を知る必要があります。Ｃ氏が不動産を所有し，Ｄ氏が住むためにＣ氏から当該不動産を賃借して年間300万円（月々25万円）の賃料を支払うという例を考えてみましょう。この300万円の賃料受領はＣ氏の課税所得に算入されます（所得税法26条１項：不動産所得）。Ｄ氏の300万円の賃料支払いはＤ氏の所得から控除されません[11]。

Ｅ氏が同様の不動産を所有し自らそこに住む場合，Ｅ氏は賃借人であるＤ氏の立場（300万円の賃料支払い）と賃貸人であるＣ氏の立場（300万円の賃料受

10 Nihon版Individual Savings Account。直訳すると個人貯蓄口座。英国のISAという制度を真似したものです。

領）を併せ持ちます。

Ｅ氏の300万円の賃料支払いはＤ氏同様に控除されず，Ｃ氏同様に300万円の賃料収入は所得であると考えることが経済的実質に即しています。

このように，市場を経由せずに自分が所有する財産から生じる便益（自分で自分に役務[12]を提供する場合の便益も含む）のことを帰属所得といいます。居住便益の帰属所得のことを帰属家賃ともいいます。日本の税制では原則として帰属所得は無視されます[13]が，GDP（Gross Domestic Product。国内総生産）のような経済統計を作る際には帰属家賃も含められます。

割引率10％（年複利）の世界を想定すると，来年１年間住む便益300万円の今年における割引現在価値は$300/(1+10\%) \fallingdotseq 273$（万円）であり，２年後は$300/(1+10\%)^2 \fallingdotseq 248$（万円），３年後は$300/(1+10\%)^3 \fallingdotseq 225$（万円）……と計算できます。

計算の便宜のために家屋の経年劣化を無視し１年間の居住便益は300万円で不変であると仮定すると，n年間住む便益の割引現在価値は$300/1.1+300/1.1^2+300/1.1^3+\cdots+300/1.1^n=(300/0.1)(1-1/1.1^n)$（万円）と計算できます[14]。$n=\infty$の場合，高校文系数学の範囲を超えてしまいますが，

$$\begin{aligned}&300/1.1+300/1.1^2+300/1.1^3+\cdots\cdots+300/1.1^\infty\\&=(300/0.1)(1-1/1.1^\infty)\\&=300/0.1=3{,}000\text{（万円）}\end{aligned}$$

11　事業をするために不動産を賃借して賃料を支払っている場合，300万円の賃料支払いは事業所得（所得税法27条１項）に関する必要経費（所得税法37条１項）として控除することができます。しかしＤ氏は住むために不動産を賃借しており，この賃料は家事費（所得税法45条１項１号。消費のこと）に当たり，控除できません。

12　髪を切るとか，法務アドバイスを提供するとか，のサービスのことを，役務（えきむ）と呼びます。

13　帰属家賃に課税する国もあります。柴由花「金融所得課税の現状と動向―オランダ資本所得の課税ベースを中心として―」税研152号21～27頁，22頁（2010）参照。

14　浅妻・脚注２，137頁参照。

です[15]。

E氏が，割引率10％（年複利），税率40％の世界で税引前賃金5,000万円を稼ぎ，2,000万円の税金を納め，3,000万円で住宅を購入したとします。年間300万円相当の帰属家賃に課税しないことは，住宅購入という投資にyield exemption方式が適用されていることを意味します[16]。

15　賃料月25万円相当の住宅が3,000万円では安すぎると感じる読者がいるかもしれません。割引率を10%ではなく４％（年複利）と想定すると，$300/1.04+300/1.04^2+300/1.04^3+\cdots+300/1.04^\infty=7{,}500$（万円）となります。

16　所得税法だけ考えると日本は帰属家賃に課税していませんが，地方税法が固定資産税（所によってはプラス都市計画税）を課しています。固定資産税は空家でも課されますので，帰属家賃に課税するという趣旨の税ではありませんが，固定資産税は帰属家賃に所得税を課すことと類似した結果をもたらしています。

組合と法人

本章では，個人事業，組合，法人の３形態について説明します。信託など他の形態もありますが，まず組合と法人との租税法上の扱いの違いを理解してもらうことを優先しています。

1 個人事業[17]

A氏がB氏を雇い，C氏と取引をする場合を考えてみましょう。例えば，A氏が八百屋を営んでおり，B氏はその八百屋に従業員として勤務し，C氏がその八百屋でトマトを買おうとするとき，C氏と物理的に接するのはB氏かもしれませんが（例えばB氏がレジ打ちしているなど），C氏とのトマトの売買契約に関する法的な権利または義務は経営者であるA氏に帰属します。

もし，そのトマトに釘が混入していてC氏がケガをしてしまい，釘の混入が八百屋のミスによるものであった場合，C氏はケガに関する損害の賠償金を請求する権利を有することになります。この権利の反対側であるところの賠償金を支払う義務は，A氏に帰属します（民法715条１項[18]）。まずA氏がC氏に賠償金を支払います。

C氏の損害がB氏のミスに由来する場合は，A氏が賠償金相当額をB氏に請求することもあります。これを求償といいます（民法715条３項参照）。しかし，民法は被害者C氏の救済の可能性を高めるため，お金を十分に持っていないかもしれないB氏だけでなく，まずはA氏に責任を負わせています。

八百屋経営に関わる損失（損害賠償責任に限らず，単純に野菜が売れないといったリスクもあります）をA氏が負担する一方，八百屋経営に関わる利益もA氏に帰属します。B氏は，A氏から賃金を受け取るだけです。A氏が 主 ，

17 民法学では自然人（natural person）という語を用いることが多いですが，租税法学では個人（individual）という語を用いることが多いので，本書でも個人という語を用います。

18 715条１項但し書きは「使用者［A氏］が被用者［B氏］の選任及びその事業の監督について相当の注意をしたとき，又は相当の注意をしても損害が生ずべきであったときは」A氏は損害賠償責任を負わない旨を規定していますが，この但し書きによってA氏が免責される事例はほとんどないと思っておいたほうがよいです。

B氏が 従 という関係があります。

税に関し，ある年度のこの八百屋の売上（所得税法36条１項：収入金額）が3,000万円，費用（所得税法37条１項：必要経費）が2,200万円，費用のうちB氏の賃金が300万円である場合，A氏は3,000－2,200＝800（万円）の事業所得（所得税法27条）を得たものとして所得税が課されます。B氏は300万円の給与所得（所得税法28条[19]）を得たものとして所得税が課されます。A氏もB氏も，所得から所得税法72条以下の控除額（典型的には86条の基礎控除額。48万円）を引いた額に累進税率（所得税法89条１項）を適用して，所得税額[20]を算出します。

2 組合（partnership）

A氏・B氏のような主従関係ではなく，D氏とE氏がともに主体的に事業を営むに際し，組合[21]（民法666条。**任意組合**と呼ぶこともあります）という形態を選ぶこともできます。F組合を組成するために，D氏とE氏が金銭や労務を提供し（これを**出資**（contribution）といいます。出資者を**組合員**（partner）といいます），F組合を通じて事業を営む（例えば八百屋を経営する）と想定します。**本章3**の法人との大きな違いは，組合は法的な権利または義務が帰属する主体ではない，ということです。

例えばF組合が営む八百屋が従業員としてG氏を雇い，H氏がこの八百屋でトマトを購入したところ，1と同様にH氏がケガをし，H氏が損害賠償請求権

19　正確には，この300万円は給与収入金額であり，給与収入金額から給与所得控除（所得税法28条３項）を引いた額が給与所得です。28条３項２号に給与等の金額が180万円を超え360万円以下である場合の給与所得控除額について，「62万円と当該［給与］収入金額から180万円を控除した金額の100分の30に相当する金額との合計額」と規定されているので，62＋(300－180)×30％＝98(万円)が給与所得控除であり，給与所得は300－98＝202(万円)です。

20　これは国税の所得税額についての説明であり，その他に，地方税法23条以下及び292条以下により10％の住民税が課されます。また，震災復興増税として，国税の所得税額×2.1％の税が追加されます。

21　組合という語で労働組合を思い浮かべることが多いですが，本書は労働組合について扱いませんので，労働組合のことは忘れてください。

を有するに至ったとします。この場合，Ｆ組合が損害賠償に関する義務を負う，と考えたいところですが，そうではなく，損害賠償責任をＤ氏とＥ氏が負います。これが，組合は法的な権利または義務が帰属する主体ではない，ということの意味です。組合には**法人格**（legal personality）がない，という言い方をします。

Ｆ組合を通じて獲得した利益または損失は，税制上，Ｄ氏とＥ氏に配分（専門用語で**配賦**（allocation）といいます。配布ではありません）し，Ｄ氏とＥ氏が納税義務を負います。

例えばＦ組合が営む八百屋のある年度の売上が3,000万円，費用（Ｇ氏の賃金300万円を含む）が2,200万円である場合，3,000－2,200＝800（万円）の事業所得がＤ氏とＥ氏に何らかの割合で配賦されて帰属し，Ｄ氏とＥ氏は事業所得を得たものとして所得税が課されます。

利益または損失の配賦割合は，出資割合に応じたものとなることが多いです。例えば，Ｄ氏が2,500万円，Ｅ氏が1,500万円を出資していた場合，Ｄ氏とＥ氏の配賦割合は５：３となることが多いでしょう。つまり，Ｄ氏に800×5/8＝500（万円），Ｅ氏に800×3/8＝300（万円）の事業所得が帰属することになります。

しかし，出資は金銭に限らず労務も含みます。Ｄ氏が2,500万円，Ｅ氏が1,500万円の金銭出資をし，さらにＥ氏は労務も出資するので，【損益の配賦割合は５：５である】ということがＤ氏・Ｅ氏の状況に照らして合理的である，という事態もありえます。

また，必ずしも配賦が出資割合に応じたものでなければならないという決まりはありませんし，利益の配賦割合と損失の配賦割合を変えるということについても禁じられていません。例えば，Ｅ氏がどうしても事業を興したいと考えているが手持ちの資金が足りないのでお金持ちであるＤ氏に多くの金銭を出資してもらう代わりに，仮に損失が生じたらＥ氏が多く負担する，という約束をすることも，Ｄ氏・Ｅ氏の状況に照らして合理的である[22]，という事態もありうるでしょう。

組合に関して重要なことは，税制上，組合はないものとして扱われ，組合を通じて獲得した利益または損失が組合員に帰属する，ということです。組合に限らずある**組織**（entity[23]。この例ではＦ組合）が税制上は無視され，その組織の**構成員**（member。この例では組合員であるＤ氏とＥ氏）に利益または損失が帰属するものとする扱いを，**透明**（transparent）扱い，または**パス・スルー**（pass through）扱いと呼びます。

租税法では，とりわけ国際租税法では，透明か非透明（opaque[24]）か，パス・スルーか否か，という違いが大変重要です（**第15章1**参照）。

3 法人（corporation）

Ｉ氏とＪ氏が出資して**法人**を設立することもあります。**会社**（company[25]）といったほうが伝わりやすいかもしれません。組合には法人格がないのに対し法人には法人格があるという特徴があります。法人格を有するentityは法人以外にもありますが，本書では，法人格を有するのは個人と法人だけである，と考えていただいて問題ありません。

Ｉ氏とＪ氏が出資して法人であるＫ社を設立し，Ｋ社が八百屋を営むと想定します。会社の構成員であるＩ氏とＪ氏のことを**社員**といいます。日常用語の社員は会社に雇われている従業員を指すことが多いので，紛らわしく感じられ

22　合理的な理由なしに，Ｄ氏とＥ氏のうち一方に有利すぎる利益配賦割合または損失配賦割合が設定されていたら，贈与が認定され，相続税法により贈与税が課されるかもしれません。この可能性についてはここでは深入りしません。

23　entityの訳語として，組織，事業体，集団などがありますが，一語でピタッとはまる日本語はありませんので，カタカナで呼ぶのが通例です。法学部以外では見慣れない語であると思いますが，そのうち慣れてきます。

24　opaqueは不透明と訳すことが多いですが，不透明は倫理的な非難を含意しかねないところ，ここで用いるopaqueは倫理的非難を含まないので，非透明という見慣れない表現をあえて用いています。

25　あいにく，法人，会社と，corporation，companyという語はいつも対応しているわけではありません。corporationを会社と訳し，companyを法人と訳すこともあります。

るかもしれません。本書では従業員のことを社員とは呼びません。

会社にはいくつかの法形態があります。よく用いられているのは**株式会社**という形態です。Ｉ氏とＪ氏がそれぞれ2,500万円と1,500万円の金銭を出資（株式会社に関して労務を出資するということはありません）してＫ株式会社（Ｋ社と略します）を設立し，Ｋ社はＫ社の支配権を表章[26]する**株式**（stockまたはshare）を発行します。株式は，出資額に応じてＩ氏とＪ氏が取得します。ここではＩ氏が25株，Ｊ氏が15株を取得したと想定します。Ｉ氏・Ｊ氏はＫ社の社員ですが，株式会社の社員は**株主**（stock holderまたはshareholder）と呼ばれます。

Ｋ社が営む八百屋が従業員としてＬ氏を雇い，M氏がこの八百屋でトマトを購入したところ，**本章❶**や**❷**と同様にM氏がケガをし，M氏が損害賠償請求権を取得したとします。この場合，**❷**と異なり，損害賠償責任はＫ社に帰属します。ケガの賠償程度であればＫ社の資金で支払う（弁済といいます）ことができるでしょう。

しかし，損害賠償の義務に限らず何か大きな額の義務（例えば大掛かりな機材を購入した際の代金支払い義務）をＫ社が負うものの，Ｋ社の資金では支払いきれない，という事態が生じることもありえます。

ここで，株式会社の特徴の１つに**有限責任**（limited liability）というものがあります。有限責任とは，Ｋ社が支払いきれなくても株主であるＩ氏・Ｊ氏が責任を負わない，ということです。Ｉ氏とＪ氏は，出資金が返ってこない，という損失だけで済まされます。

あるentityに法人格があるか否かと，そのentityの構成員が有限責任であるか否（**無限責任**（unlimited liability）といいます。出資者が出資した額が返ってこないという損失よりも多くの損失を負担する可能性があります）かは，必ずしも連動するわけではありません。

❷の組合は，法人格がなく組合員は無限責任です。株式会社は，法人格があ

26　見慣れない語であると思いますが，【〜を表している】程度の理解で十分です。

り有限責任です。しかし，法人格がない組合[27]で，無限責任の組合員だけでなく有限責任の組合員がいるというentityも存在します。法人格がある会社だけど無限責任の社員がいるというentityも存在します。本書は，無限責任と有限責任の違いにあまり焦点を当てないので，法人格がないかあるかということに注目してください。

法人格がないかあるかと，税制上，透明（またはパス・スルー）扱いか非透明扱いかということは，理論的には連動するとは限りませんが，日本では概ね連動しています。つまり，法人格がある場合，法人自体が利益または損失について税制上の帰属主体として扱われ，利益が出た場合，法人は所得税法ではなく法人税法に基づいて法人税を納めます。

いろいろややこしいですが，まず典型的な二分法として，組合は法人格がなく，透明扱いであり，組合員は無限責任である，株式会社は法人格があり，非透明扱いであり，株主は有限責任である，という二分法を頭に叩き込んでください。二分法が通用しないこともありますが，**第15章1**で扱います。

また，個人と法人とでは時間的単位が違うことがあります。個人に関する所得税法は1月1日から12月31日（暦年といいます）を1つの時間的単位としています。これに対し，法人は，好き勝手に年度（**事業年度**といいます）の始期と終期を定めることができます。日本の法人の多くは，4月1日から3月31日を事業年度とする時間的単位を採用しています。○○年3月31日に終わる事業年度を【○○年3月期】と表記します。

K社のある事業年度の売上（法人税法22条2項：**益金**（えききん）といいます）が3,000万円，費用（法人税法22条3項：**損金**（そんきん）といいます）（L氏の賃金300万円を含む）が2,200万円である場合，3,000－2,200＝800（万円）の所得についてK社が法人税を納める義務を負います。

法人税法に基づく法人税率は23.2％（法人税法66条1項）ですが，地方税の

27 法人格がある組合というものが存在しうるでしょうか。日本語の組合は，法人格がないということを含意して用いることが多いですが，外国のpartnershipの中には，法人格があるという扱いを受ける場合もありえます。浅妻章如『ホームラン・ボールを拾って売ったら二回課税されるのか』156頁（中央経済社，2020）参照。

負担も加えると30％弱ですので，ここでは30％と想定しておきます。すると，Ｋ社は800×30％＝240（万円）の法人税を納めることになります。株主であるＩ氏とＪ氏は，Ｋ社から利益を**分配**（distribution）してもらう（これを**配当**（dividends）といいます）などのイベントがない限り，この八百屋の利益に関して納税義務は生じません。

なお，組合に関しては配賦（allocation）という語を用いたところ，**本章2**のＦ組合が利益を組合員であるＤ氏・Ｅ氏に実際に配ったか否かを問わず，組合の利益（または損失）がＤ氏・Ｅ氏に割合的に帰属するものとして税制上扱われることを，配賦と呼びました。他方，法人であるＫ社に関しては，実際に利益を配ることを分配といい，分配が起きるより前は，株主であるＩ氏・Ｊ氏について課税関係は生じません。分配と配賦という語は，実際に利益を配ることに着目するか否かという点で使い分けられます。

4　配当に関する会社・株主の二重課税

組合や会社といった組織（entity）と，組合員や株主といった構成員（member）との租税法上の関係については，透明（transparent）か非透明（opaque）かという違いの他に，二重課税がないかあるかという違いがあります。

組合は透明として扱われ組合員に所得が帰属するものとして租税法上扱われるので，二重課税はありません。他方，会社が株主に配る配当について，会社の課税対象所得の計算に際して配当は控除されないため，会社段階では法人税が課され，個人株主段階では所得税が課されるという，二重課税が生じます[28]。

法人税率が30％，個人所得税率が40％であると仮定します。

前述2のＦ組合について，Ｄ氏の税引後所得は500×（１－40％）＝300（万円），

28　entityの中には，非透明（つまりentity段階で所得が課税され自動的にmemberに配賦されるわけではない）で二重課税がない（配当に相当する利益分配額を控除できる）というものもあります。パス・スルーと区別して**ペイ・スルー**（pay through）と呼びます。紛らわしいので，本章では組合と法人の二分法だけまず覚えてください。

E氏の税引後所得は300×（１－40％）＝180（万円）です。

❸ではＩ氏が2,500万円，Ｊ氏が1,500万円を出資してＫ社を設立し，Ｋ社の売上が3,000万円，費用（Ｌ氏の賃金300万円を含む）が2,200万円，所得が800万円という例を見ました。このときＫ社は240万円の法人税を納めます。残りの800－240＝560（万円）をＩ氏とＪ氏に持分に応じて配当したとすると，Ｉ氏は560×5/8＝350（万円），Ｊ氏は560×3/8＝210（万円）の配当を受けることになります。これに40％の個人所得税率が課せられるとすると，Ｉ氏の税引後所得は350×（１－40％）＝210（万円），Ｊ氏の税引後所得は210×（１－40％）＝126（万円）となります。

Ｆ組合への投資について，800×（１－40％）＝480（＝300＋180）（万円）が税引後所得であるのに対し，Ｋ社への投資については，800×（１－30％）（１－40％）＝336（＝210＋126）（万円）が税引後所得です。法人に投資するほうが不利です。

なお，（1－40％）や（1－30％）（1－40％）という形は，後の国際租税法の箇所でも出てきますので（**第７章❸**），この形に慣れてください。法人税率をt_c，個人所得税率をt_pと表すとすると[29]，組合への出資に係る税引後所得は（$1-t_p$），法人への出資に係る税引後所得は（$1-t_c$）（$1-t_p$）と表記できます。

5 配当と利子の扱いの違い

配当に関する会社・株主の二重課税は，組合への出資より法人への出資が不利であるという非中立性の問題を惹起する他，法人がどのような方法で資金調達をするかという点でも非中立性の問題をもたらします。

前述❸ではＩ氏が2,500万円，Ｊ氏が1,500万円を出資して株式会社Ｋ社を設

29 税率はt（またはギリシャ文字のτ（タウ））で表記することが多く，t_cはcorporate income tax，t_pはpersonal income taxという程度の意味です。individual income taxとしてt_iと表記するとinheritance tax（相続税）のt_iと区別できないので，個人所得税をt_iと表記することは避けられることが多いです。どう表記するか厳密なルールがあるわけではないので神経質になる必要はありません。

立していました。

ここで，❸のＩ氏とＪ氏と同様に，Ｎ氏が2,500万円，Ｏ氏が1,500万円を投資するものの，設立するＰ社（Ｐ社はＱ氏を雇い賃金300万円を支払う）に出資するのはＯ氏だけであり，Ｎ氏が2,500万円をＰ社に出資するのではなく貸し付ける（利子率は年16％とする）という法形式を選択したと想定します。

Ｋ社とＰ社の違いが，資金調達方法の違いだけであるとすると，Ｐ社の売上が3,000万円，費用（Ｑ氏の賃金300万円を含むがＮ氏への利子支払いは含まない段階の費用とします）が2,200万円，Ｎ氏への利子支払いが2,500×16％＝400（万円）なので，Ｐ社の課税所得は3,000－2,200＝800（万円）ではなく3,000－(2,200＋400)＝400万円となります。

Ｐ社の法人税額は400×30％＝120（万円）であり，Ｐ社が税引後所得全額をＯ氏に配当すると，Ｏ氏の税引前所得は400－120＝280（万円）となり，Ｏ氏の税引後所得は280×（１－40％）＝168（万円）となります。Ｎ氏の税引前所得は400万円，税引後所得は400×（１－40％）＝240（万円）となります。Ｎ氏・Ｏ氏の税引後所得合計は240＋168＝408（万円）であり，Ｉ氏・Ｊ氏の税引後所得合計336万円（＝210＋126）よりも有利となります。

Ｐ社のＮ氏からの借金を**debt（負債）**と呼び，Ｏ氏からの出資を**equity（資本または自己資本）**（公平のequityと同じ語なので，文脈で訳し分けざるをえません）と呼びます。Ｋ社はdebtが０％，equityが100％であるのに対し，Ｐ社はdebtが62.5％，equityが37.5％です。特殊事情がなければ，debtの割合が高いほど，配当に関する会社・株主の二重課税の部分が減ります。

会社の課税所得の計算に際して支払利子は控除されるが支払配当は控除されない，という違いの理論的説明はどうも難しいようです[30]。一応の説明として，debtはＰ社とＮ氏が他人同士の関係にあり，equityはＰ社とＯ氏が身内の関係にある（Ｐ社はＯ氏の分身である），という説明があります。他人に支払ったもの，すなわちＰ社からＮ氏への利子支払いは，Ｐ社にとって費用であり，控

30　吉村政穂「出資者課税――「法人税」という課税方式（一～四・完）」法学協会雑誌120巻１号１～61頁，３号508～562頁，５号877～920頁，７号1339～1377頁（2003）参照。

除されるが，Ｐ社からＯ氏への配当支払いは，身内の中での取引なので，控除されない，ということです。

ここでは説明の便宜上，Ｎ氏を個人として登場させましたが，多くの場合，会社は銀行から借金します。銀行は他人だから，銀行への利子支払いは，支払者にとって事業をするに際しての費用である，というのは感覚的にわからなくもありません。しかし，人為的にequityの割合を減らしdebtの割合を増やすことができてしまいます。利子支払いの控除を認めると税収が減りますが，否認するためには明示の根拠規定（国際取引について**第13章2**参照）がなければできない，というのが裁判所の立場です。

ここで，日本の法人税法132条１項（の一部）を見てみましょう。

「税務署長は，次に掲げる法人に係る法人税につき更正又は決定をする場合において，①その法人の行為又は計算で，これを容認した場合には法人税の負担を不当に減少させる結果となると認められるものがあるときは，②その行為又は計算にかかわらず，税務署長の認めるところにより，その法人に係る法人税の課税標準若しくは欠損金額又は法人税の額を計算することができる。」（①，②，＿＿，〰〰は浅妻が付した）

と定めています。

Ｏ氏がＰ社に1,500万円出資するという法形式ではなく，100万円出資，1,400万円金銭貸付という法形式を採用することが，①の＿＿部分に当たり，税務署長が，②の〰〰部分として，Ｏ氏がＰ氏に1,500万円出資したという前提でＰ社の課税所得を計算することが認められるか，というタイプの問題の裁判において，課税庁が敗訴する（すなわち納税者側の法形式の選択が認められる）例がめずらしくありません（脚注146参照）。

ここまではdebtとequityについて納税者が法形式を自由に選択できる，ということを強調してきました。形式ではなく実質的にdebtとequityとの区別を考えるべきでは？　という疑問を持つ読者もいるでしょう。

多くの場合，debtの典型例として想起されるのは，会社が銀行に何らかの利率（N氏とP社の例では年16%）で金銭貸付に係る利子を支払うという場面であり，equityの典型例として想起されるのは，会社が利子を含む費用や税を控除した残余の部分を株主に対して分配するという場面です。

典型的に想起されるdebtとequityの実質的な要素は，debtが固定（fixed）利率で優先的，equityが残余（residual）請求権で劣後的，というものです。equityの残余という性格は【利益連動】とも表現されます。しかし，利益連動性の強いdebtという法形式を作ることもできます。例えば，N氏がP社に年16%の固定利率の利子請求権を持つのではなく，P社の利益（税や利子や配当を払う前）の半分を利子として請求する権利，という法形式を作ることもできます。

また，固定性の強いequityという法形式を作ることもできます。株式の種類を1種類ではなく2種類（3以上でも可）とし，ある株式（優先株式といいます）を有する者は固定利率的な配当を優先的に受け取る権利を持つ，ということも可能です。debtとequityを実質的に定義することは難しいです[31]。

配当に関する会社・株主の二重課税があること，及び，debtとequityとで会社の課税所得計算に際しての控除の可否が異なること，これらが法人所得税の設計に関して悩みの種でした。これらの悩みの対処法については，章を改めて検討します。

31　橋本慎一朗「OIDルールのデリバティブへの拡張」国家学会雑誌118巻5＝6号600～665頁（2005）参照。

第3章

法人所得税がなかったら

1　法人所得税をなくした場合の問題①：課税繰延

配当に関する会社・株主の二重課税があると前章で学びました。二重課税が不都合であるならば，二重課税をやめればよいのに，と普通は考えます。法人所得税をなくせば，二重課税はなくなります。しかし，今の状態から単純に法人所得税をなくすと，大まかに言って2つの問題が生じます。(1)いつ課税するかの問題と，(2)どの国が課税するかの問題です。(1)について1，2，3で，(2)について4で説明します。

いつ課税するかの問題が深刻になるのは，**第1章**で勉強した包括的所得概念を前提にした場合です。包括的所得概念とは，ある期間の所得を **所得＝消費＋純資産増加** と定義する考え方でした。この考え方に忠実に課税するとしたら，納税者が保有する財産の **純資産増加** の部分を毎期計測して課税所得に算入（値下がりしている場合は純資産減少額を控除）すべきです。これを**時価主義**（mark-to-market principle）といいます。

しかし，現実の税制は時価主義を採用していません。現実の税制は，包括的所得概念に忠実ではないのです。個人が会社に出資し株式を保有している場合，会社が事業を営むなどして利益を獲得したら，株式の価値が上がり[32]，時価主義ならば株主の所得が認識されて課税されるべきですが，所得税法36条1項は，

> 「その年分の各種所得の金額の計算上収入金額とすべき金額又は総収入金額に算入すべき金額は，別段の定めがあるものを除き，その年において<u>収入すべき</u>金額（金銭以外の物又は権利その他経済的な利益をもつて収入する場合には，その金銭以外の物又は権利その他経済的な利益の価額）とする。」（下線：浅妻）

と定めています。

32　正確を期すと，株価は，会社がいくらの利益を稼いだかによって決まるのではなく，会社がいくら稼ぐと思われているかによって決まるので，会社の利益獲得が期待どおりであったならば株価は変化しないでしょう。

この条文のキーワードは下線の「収入すべき」です。収入として入ってくる権利が確定しなければ原則として未だ所得税の課税対象に算入されない，ということです。資産価値が上がっただけで課税所得が上がることが包括的所得概念に忠実な課税ですが，そうではなく，収入金額として実現して初めて課税所得が上がる**実現主義**（realization principle）を現行法は採用しています。

何が実現に当たるか。先ほど，**収入として入ってくる権利が確定**と表現しました。これを**権利確定基準**と呼ぶのですが[33]，民法を始めとする法学の勉強を要するので，本書では深入りしません。ここでは，株価が上下しただけでは株主の課税所得は上下せず，何らかのイベントがあって初めて課税所得に反映される，という程度の理解で十分です。このイベントの代表例は２つあります。１つ目は，会社が株主に配当すること，２つ目は，株主が会社の株式を譲渡[34]することです。どちらも，納税者側が所得の実現のタイミングをある程度恣意的に選ぶことができます。

個人所得税率40%，法人所得税率０%，税引前収益率10%(年複利)，包括的所得概念，実現主義を想定してみましょう。

Ａ氏が税引後賃金10,000を第０年度に投資するとします。第１年度は，税引前収益1,000，税額400，税引後所得600となり，手元に10,600が残ります。これ

33 「収入すべき」という文言をどう解釈・運用するかは，法治国家においては究極的には裁判所の判断（狭義の判例は最高裁の判断を指します。広義の判例は地方裁判所，高等裁判所の判断も含みますが，狭義の判例と区別するために広義の判例を裁判例と呼ぶこともあります）によって決まります。ある問題について先例として後に依拠される判例・裁判例のことをリーディング・ケースと呼びます。「収入すべき」に関するリーディング・ケースは雑所得貸倒分不当利得返還請求事件・最判昭和49年３月８日民集28巻２号186頁(https://www.courts.go.jp/app/hanrei_jp/detail2?id=51917)です。法が【収入した】ではなく「収入すべき」と規定していることの意義について，この判決は，「所得税は経済的な利得を対象とするものであるから，究極的には実現された収支によつてもたらされる所得について課税するのが基本原則であり，ただ，その課税に当たつて常に現実収入のときまで課税できないとしたのでは，納税者の恣意を許し，課税の公平を期しがたいので，徴税政策上の技術的見地から，収入すべき権利の確定したときをとらえて課税することとしたものであり，その意味において，権利確定主義なるものは，その権利について後に現実の支払があることを前提として，所得の帰属年度を決定するための基準である」と説明しています。

34 判例により，譲渡とは，有償無償を問わず資産を移転させる行為を指します（興味がある方は名古屋医師財産分与事件・最判昭和50年５月27日民集29巻５号641頁（https://www.courts.go.jp/app/hanrei_jp/detail2?id=52096）をご覧ください)。譲渡の典型例は売却ですが，交換や贈与も含まれます。

を再投資すると，第２年度は，税引前収益1,060，税額424，税引後所得636となり，手元に11,236が残ります。

Ｂ氏が税引後賃金10,000を第０年度に出資してＣ社を設立し，Ｃ社株式をすべてＢ氏が保有し，Ｃ社がこの10,000を投資するとします。第１年度，税引前収益1,000，税額０（前頁のとおり，法人所得税率を０％と仮定しています），税引後所得1,000となり，Ｃ社の手元に11,000が残ります。これを再投資すると，第２年度，税引前収益1,100，税額０，税引後所得1,100となり，Ｃ社の手元に12,100が残ります。ここでＣ社が解散し12,100をＢ氏に戻すと，Ｂ氏には2,100（＝12,100－10,000）の配当所得が生じたものとして扱われます（所得税法25条１項４号）。するとＢ氏に840（＝2,100×40％）の税が課され，Ｂ氏の手元に12,100－840＝11,260が残ります。

Ａ氏とＢ氏とを比べると，Ｂ氏のほうが24（＝11,260－11,236）得しています。

第１年度にＣ社がＢ氏に配当をしていなくても包括的所得概念の理想どおりにＢ氏の手元のＣ社株式が1,000値上がりしているから純資産増加1,000をＢ氏の所得として課税する，という時価主義が採用されていたら，Ｂ氏は400（＝1,000×40％）の税を第１年度に納めねばならなかったはずです。

しかし，現行法の実現主義の下では第１年度には課税されず第２年度に課税のタイミングが遅れています。このように課税のタイミングが遅れることを**課税繰延**（tax deferral）と言います。

図表３－１　課税繰延の利益

	A	B
①　第１年度の税額	400	0
②　第２年度の税額	424	840
③　単純合計：①＋②	824	840
④　第２年度換算：①（１＋10%）＋②	864	840

Ａ氏の第１年度の税額と第２年度の税額の単純合計は824であり，実現主義の下でのＢ氏の第１年度の税額と第２年度の税額の単純合計840と比べて一見

少ないように勘違いしてしまいます。

しかし，今年の100と来年の110が等価である世界では，A氏の第1年度の税額400は，第2年度の現在価値に換算すると440と見るべきです。すると，A氏の第1年度～第2年度の税額の現在価値の合計は440＋424＝864であり，B氏より経済実質的に租税負担が重いことがわかります。

特殊事情（第1年度と第2年度の税率が異なるなど）がない限り，課税繰延は納税者にとって有利です。

ここでは，B氏が時価主義ならば第1年度に納めるべき税額400の課税時期が1年遅れていることで，第1年度と第2年度のtime value of money（金銭の時間的価値），つまり400×10％の得をしており，この40に税率40％の負担が課されたとした場合の税引後の得，すなわち24（＝40×（1－40％））が，A氏とB氏との経済実質的な租税負担の差となっています。

課税繰延の利益は，繰延税額分を無利子で借り入れる場合の利益と同じとも説明できます。時価主義の下でB氏が第1年度に納めるべき税額400について，B氏が400を無利子で借り入れて当該400で納税義務を履行し，第2年度に純資産増加1,100（＝12,100－11,000）について税額440を納める，ということと同じである，ということです。

もし，時価主義の下でB氏が第1年度に納めるべき税額400について，B氏が400を銀行から利子率年10％で借り入れて，当該400で納税義務を履行していたならば，第2年度の純資産増加は1,100（＝12,100－11,000）ではなく1,060（＝12,100－11,000－40）となるべきです。第2年度に銀行に元利合計440を返済する際の利子負担40は，経済実質的には純資産減少であるからです[35]。すると第2年度の税額は440ではなく424（＝1,060×40％）であり，A氏と同じになります。

35　現行法を適用すると，利子負担が所得計算において控除できるとは限りません。単にB氏が投資しているだけで事業をしているわけではなく，納税義務履行のために銀行から借金して利子を負担したという場合，現行法の解釈としては利子負担を控除できないでしょう（所得税法45条1項1号。支払利子付随費用判決・最判平成4年7月14日民集46巻5号492頁（https://www.courts.go.jp/app/hanrei_jp/detail2?id=53374）の一般論。ただし結論は異なる）。ここでは説明のために純資産減少を経済的実質で測っています。

10年間の課税繰延の利益はさらに大きなものとなります。

D氏が個人として第0年度に税引後賃金10,000を投資するとします。毎年の税引後所得を再投資額に組み入れるとすると，個人所得税率40%，税引前収益率10（年複利）の世界でのn年間の投資運用は，無税の世界での6%（年複利）のn年間の投資運用と同じことです($10{,}000 \times \{1+10\%(1-40\%)\}^n = 10{,}000 \times 1.06^n$)。第10年度には，$10{,}000 \times 1.06^{10} \fallingdotseq 17{,}908$となります。

E氏が第0年度に税引後賃金10,000を出資してF社を設立し，F社が当該10,000を投資し，実現主義の下で，F社が毎年の税引後所得を再投資額に組み入れるとすると，F社段階のn年間の投資運用は$10{,}000 \times 1.1^n$という式で計算できます。第10年度には，$10{,}000 \times 1.1^{10} \fallingdotseq 25{,}937$となります。

この時点でF社が解散すると，E氏は10,000を投資して25,937を回収したので差額15,937の配当所得が生じ，$15{,}937 \times 40\% \fallingdotseq 6{,}375$の税を納めます。E氏の手元には$25{,}937 - 6{,}375 \fallingdotseq 19{,}562$が残ります。第10年度のD氏の手元には17,908が残るので，E氏はD氏よりも有利であることがわかります。

2 実現主義を前提にしても課税繰延の有利さを打ち消せないか？

法人所得税率0%と実現主義を前提にしても，法人を利用しないA氏と法人を利用するB氏との間の有利不利を打ち消す方法はあります。

1のB氏が第0年度に税引後賃金10,000を投資し，第2年度に12,100を回収したとします。2年間で1.21倍になっているということから，1年当たり$1.21^{1/2} - 1 = 0.1$，つまり10%の税引前利益が生じていると計算できます。

1年当たり10%の税引前利益が生じ毎年40%で課税されていたならば，2年目の税引後の残額は$10{,}000 \times \{1+10\% \times (1-40\%)\}^2 = 10{,}000 \times 1.06^2 = 11{,}236$になっていたはずです。この額と，現実に回収した12,100との差額，つまり$12{,}100 - 11{,}236 = 864$の税を第2年度に課すことで，A氏とB氏との間の有利不利を打ち消すことができます。

1のＥ氏についても，$25,937-10,000\times\{1+(2.5937^{1/10}-1)(1-40\%)\}^{10}=25,937-17,908=8,029$の税を第10年度に課すことで，Ｄ氏とＥ氏との間の有利不利を打ち消すことができます。

税引前収益率が別の値でも，同様の課税方法で課税繰延の利益を打ち消すことができます。

例えば，Ｇ氏が第０年度に税引後賃金10,000を出資してＨ社を設立し，Ｈ社の全株式をＧ氏が保有し，第０年度からＨ社が当該10,000を投資に充てたと想定してみます。そして，15年間，Ｈ社はＧ氏に一切配当せず，第０年度の10,000を第15年度に30,000に増やし，Ｈ社が解散したとしましょう。

Ｇ氏は第０年度に税引後賃金10,000を投資して第15年度に30,000を回収したということなので，１年の税引前収益率を計算すると約7.599％（$\fallingdotseq 3^{1/15}-1$）になります。10,000を投資し毎年7.599％の税引前利益が生じ毎年40％で課税されていたならば，15年目の税引後の残額は$10,000\times\{1+7.599\%\times(1-40\%)\}^{15}\fallingdotseq 19,518$になっていたはずなので，現実に回収した30,000との差額，つまり$30,000-19,518=10,482$の税を第15年度に課すことで，課税繰延の利益を打ち消すことができます[36]。

このように課税繰延の利益を打ち消す方法はアメリカで一部導入されました[37]。しかし，日本を含め多くの国でこの方法は採用されていません。

3　課税繰延を問題視すべきか？：expensing方式の場合

包括的所得概念を前提にすると，法人所得税をなくした場合に法人を通じた投資の課税時期を納税者が遅らせることができることが，法人を利用していない者との比較において不公平です。また，法人の利用を非中立的に促してしまいます。

しかし，消費型所得概念を前提にすると，課税繰延は問題ではありません。

個人所得税率40％，法人所得税率０％，税引前収益率10％（年複利），消費型

所得概念，expensing方式（**第１章3**）を想定してみましょう。

Ｉ氏が第０年度に税引前賃金16,667を稼得したとします。Ｉ氏が16,667をすべて投資する場合，第０年度の税額は０となります[38]。第１年度には税引前で16,667から18,333（≒16,667×1.1）へと1,666増えていますが，これを再投資に充てるとすると，第１年度の税額も０となります。第２年度には税引前で18,333から20,167（≒18,333×1.1）へと増えています。第２年度に投資をやめて消費に充てるとすると，20,167×40％≒8,067の税を納め，消費額は20,167－8,067＝12,100となります。

Ｊ氏が第０年度に税引前賃金16,667を稼得し，これを出資してＫ社を設立し，Ｋ社の全株式をＪ氏が有しているとします。Ｋ社は第０年度に16,667を投資します。第１年度に税引前で16,667から18,333へと増え，これを再投資に充てる

36　自然対数の底（高校文系数学の範囲を超えるので脚注で説明します）を用いると，課税繰延の利益を打ち消す計算が楽になることが知られています。税率40%の所得税に服す人が税引後賃金10,000を投資して何年か後に20,000を回収したと想定します。年複利ではなく，投資期間を百等分して百回の複利計算をした結果が２倍であったと考えると，１期間の税引前収益率は$2^{1/100}-1$です。これに40%の課税がされていたならば，１期間の税引後収益率は（$2^{1/100}-1$）(１－40%）です。毎期課税されながら百回投資し続けたとすると$10{,}000\times\{1+(2^{1/100}-1)(1-40\%)\}^{100}\fallingdotseq 15{,}166$になっていたはずです。そこで，20,000－15,166＝4,834の税を課すことで，課税繰延の利益を打ち消すことができます。百分割ではなく無限回分割してから同じ回数の複利計算をする場合，eを$e=\lim_{x\to\infty}(1+\frac{1}{x})^x\fallingdotseq 2.71828\cdots$と定義すると，$e^{0.6931}\fallingdotseq 2$より，$10{,}000\times e^{0.6931\times(1-40\%)}\fallingdotseq 15{,}157$と計算できます。文系数学では常用対数（底が10）の$\log_{10}2$のような表記を教わりますが，底がeの対数を自然対数といい，$\log_e 2$を$\ln 2$と表記します（$e^{\ln 2}=2$。$\ln 2\fallingdotseq 0.6931$）。$e$を自然対数の底といいます。そして20,000－15,157＝4,843の税を課すことで，課税繰延の利益を打ち消すことができます。

なお，Ａ氏らについても無限分割無限複利で計算しないと，年単位の計算のほうが納税者に有利になってしまいます。Ａ氏が10,000を投資し11,000を回収したことをもって，$10{,}000\times e^{\ln 1.1\times(1-40\%)}\fallingdotseq 10{,}589$より，11,000－10,589＝411の税を課すことになります。１年間の所得が1,000であり税率が40%であっても無限分割・無限複利を前提とすると税額は400より大きな値となります。

自然対数を用いると，元本割れでも計算が容易です。例えば，税引後賃金10,000を投資して法人を設立してしばらく投資運用した後で法人を解散して回収額が8,000であった場合（すなわち税引前損失2,000の場合），$10{,}000\times e^{\ln 0.8\times(1-40\%)}\fallingdotseq 8{,}747$より，8,000－8,747＝－747の税を課す，言い換えると747の税を還付することで，損失について40%の還付を受けた場合と同様の結果を達成することができます。

もっとも，元本割れにとどまらずマイナスになってしまった場合，真数がマイナスの対数は複素数になるので，税の計算には利用できそうにありません。

37　橋本慎一朗「OIDルールのデリバティブへの拡張」国家学会雑誌118巻５＝６号600～665頁（2005）参照。

38　包括的所得概念の下では，税引前賃金16,667について6,667の税額が発生し，投資できる額は10,000です。

と，第２年度に税引前で18,333から20,167へと増えています。第２年度にＫ社が解散するとＪ氏が20,167を受け取ります。ここでＪ氏が投資をやめて消費に充てるとすると，20,167×40％≒8,067の税を納め，消費額は20,167－8,067＝12,100となります。

Ｉ氏とＪ氏とを比較して，有利不利がありません。公平ですし，法人を利用するか否かという選択肢に対して税制が中立的です。

expensing方式ではなくyield exemption方式が採用されていた場合，Ｌ氏が第０年度に税引前賃金16,667を稼得していたならば，16,667×40％＝6,667の税を納め，税引後賃金10,000を投資することができます。２年間運用したとすると10,000は12,100になりますので，Ｌ氏は，Ｉ氏やＪ氏と比べて，有利不利がありません。

包括的所得概念と消費型所得概念との違いは，利子を課税対象に含めるか否かでした（**第１章1**）。包括的所得概念を前提とすると，法人所得税をなくすことは**本章1**で見た不公平・非中立性の問題を惹起します。しかし，消費型所得概念論者は，利子に課税することが消費と貯蓄との配分に関して**第１章**で見た不公平・非中立性をもたらすのだと批判してきました。

逆に言うと，利子に課税すべきであるとするならば，法人所得税が存在する理由は，法人の利用で不公平・非中立的が生じることのないようにすることである，といえます。なお，法人所得税がなくても課税繰延の利益を打ち消す方法はありますが（**本章2**），あまり採用されていません。法人所得税は，利子に課税すべきであるという租税政策を前提にした上での，**株主に対する所得課税の前取り**であります。利子に課税すべきであるという点を疑うと，本章**4**の国際取引を無視できたら，法人所得税は不要である，と言えるかもしれません。

4　法人所得税をなくした場合の問題②：国家間の課税権配分

利子に課税すべきであるという包括的所得概念を前提とし，個人所得税率40%，法人所得税率０%，税引前収益率10%（年複利）を想定します。

M氏が第０年度に税引前賃金16,667を稼得し，6,667（＝16,667×40%）の税を納め，税引後賃金10,000を出資してN社を設立し，N社の株式をM氏がすべて保有していると想定してみます。

本章3までは国境を考えていませんでしたが，ここでは，M氏がR国の居住者であり，N社はS国の法人であるとします（R国，S国という表記は，それぞれ，residence country（居住地国），source country（源泉地国）を意味するものとして用います。所得稼得者が居住している国がR国，その所得が発生した国がS国というイメージです）。

N社が第０年度から10,000を用いて事業を営み，第２年度に税引前で12,100まで増やし，N社が解散し，12,100がN社からM氏に戻されたと想定します。N社の手元で10,000が12,100に増えたことをもって，S国に2,100について課税権を認めるべき，という考え方はありうるところです。しかし，そのような考え方が浮かぶのは，利子に課税すべきであるからでしょうか？

図表３-２　包括的所得概念を前提とした国際投資

第０年度			第２年度		
S国	10,000	R国	S国	12,100	R国
N社	←出資―	M氏	N社	―分配→	M氏

利子に課税するべきか否かという問題と，N社の事業によって生じた利益がどの国で課税されるべきか，は軸を異にする問題です。

次に利子に課税しないほうがよいという消費型所得概念を前提とし，expensing方式を考えてみましょう。

個人所得税率40%，法人所得税率０%，Ｒ国居住者であるＯ氏が第０年度に税引前賃金16,667を稼得し，それを出資してＳ国にＰ社を設立し，Ｐ社の株式をＯ氏がすべて保有していると想定してみます。

Ｐ社が第０年度から16,667を用いて事業を営み，第２年度に税引前で20,167まで増やし，Ｐ社が解散し，20,167はＰ社からＯ氏に戻されて，Ｏ氏が再投資せず第２年度にすべて消費に充てるとしたら，20,167の全額がＲ国の課税対象となります。この場合もＳ国に一切課税権が割り当てられない，とした場合，Ｓ国は納得するでしょうか。

法人所得税の存在理由の２つ目に，国際的な投資の文脈において，Ｓ国のような国の課税権を確保するため，ということがあります。

しかし，法人所得税がＳ国の課税権確保のために必須というわけではありません。Ｍ氏またはＯ氏に課税対象所得が生じたことをもって，Ｓ国がＭ氏またはＯ氏に課税する，という方法も考えられます。この場合，Ｓ国は自国に住んでいるわけではないＭ氏またはＯ氏（Ｓ国から見て非居住者（non-resident）と呼びます。Ｒ国から見る場合は居住者（resident）と呼びます）に課税権を及ぼしてよいのか，という問題が生じます。

仮に**図表３-２**でＳ国がＭ氏の所得2,100に課税してよいとしても，**図表３-３**（次頁）でＳ国がＯ氏の所得20,167すべてに課税してよいといえるか，という問題も生じます。**図表３-３**でＳ国がＯ氏の所得に対し課税権を有するとしても20,167－16,667＝3,500の部分だけではないか，と考える人もいるかもしれません。

図表3－3　expensing方式を前提とした国際投資

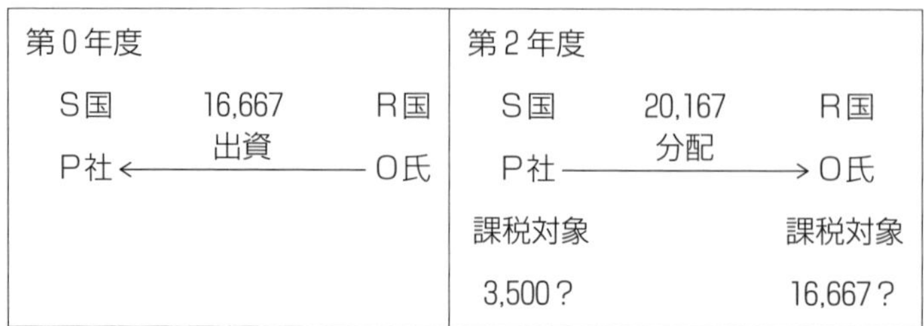

誰の所得に着目して課税するかという問題のほかに，所得がどこの国に地理的に割り当てられるかという別軸の問題があるらしい，ということが見えてきます。国家間課税権配分は**第8章**以下で扱いますが，**第4章**では再び，会社・株主の二重課税の問題を扱います。

第 4 章

会社・株主の二重課税の調整：統合

1　組合方式

会社・株主の二重課税を救済する方法に関する議論を，**統合**（integration）と呼びます。

最も理想的な方法は，法人への投資についても，組合（**第2章2**）と同様に扱うことです（組合方式と呼びます）。会社から株主に配当したか否かを問わず会社が利益を稼いだらその利益を株主に配賦（**第2章2**）して株主段階で毎年課税する，ということです。

利子に課税すべきという包括的所得概念を前提とし，個人所得税率40%，法人所得税率０％を想定してみます。そして原則として実現主義を前提とし，会社段階で実現した利益について例外的に組合方式が適用されると想定します（本節の計算例は租税法初学者には難しいので心が折れたら本節を読み飛ばしても結構です）。

第０年度にＡ氏が税引後賃金2,500，Ｂ氏が税引後賃金1,500を出資してＣ社を設立し，Ｃ社が40株（１株当たり100）を発行し，Ａ氏が25株，Ｂ氏が15株を保有しているとします。第０年度にＣ社が時価4,000の土地Ｄを購入して土地賃貸事業を開始したとしましょう。

第１年度，事業がうまくいかなくて事業利益は０であった（土地賃貸収入と管理運営費用とが釣り合っていた）が，Ｄの時価が4,000から6,000に上昇したとします。

この時，株価は100から150に上昇しています。しかし，時価主義ではなく実現主義の前提ですので，株価の潜在的な値上がり（**含み益**（built-in gain）と呼びます）に直ちに課税されるわけではなく，株式譲渡などのイベントがない限り，株主であるＡ氏・Ｂ氏は課税されません。第１年度に，Ｂ氏が手持ちのＣ社株式15株をすべてＥ氏に譲渡し，対価2,250を受け取ったとします。そうすると，B氏は2,250－1,500＝750の**譲渡益**（capital gain）という所得が生じたとして，750×40％＝300の税を納める必要があります。

第2年度，やはりC社の事業がうまくいかなくて事業利益は0でしたが，土地Dはさらに値上がりし，時価7,000になっていたとします。

C社は，Dの賃貸事業に見切りをつけ，Dを時価7,000でF氏に売却し，代わりに，G氏から時価7,000の土地Hを購入したとします。C社が4,000で購入したDを7,000で譲渡したので，差額3,000の譲渡益がC社段階で実現します。

組合方式の場合，C社は課税対象者とならず，株主に所得を配賦し，株主が税金を納めます。A氏には3,000×（25株/40株）＝1,875の課税所得が生じ，税は1,875×40％＝750です（B氏の15株を譲り受けたE氏の課税所得は1,125，税は450）。会社から株主に利益が分配されていなくても，会社段階で所得が実現したら株主が所得税の納税義務を負う，それが組合方式です。

第3年度，C社の事業はやはりうまくいかず，事業利益は0であったが，土地Hは7,000から8,000に値上がりしていたとします。

C社は事業遂行を諦め，Hを時価8,000でI氏に売却し，C社は解散し，8,000が株主であるA氏とE氏に分配されたとします。C社は8,000－7,000＝1,000の譲渡益を実現させていますので，A氏は1,000×（25株/40株）＝625の所得が配賦されて625×40％＝250の税を納める必要があります（E氏の課税所得は375，税は150）。

また，C社の解散により，A氏は8,000×（25株/40株）＝5,000が分配されます。A氏は第0年度に2,500を出資して第3年度に5,000を受け取ったので，差額2,500の所得が生じたとして2,500×40％＝1,000の税を納めるべきでしょうか。おかしいですね。第2年度に既にA氏は1,875の所得があったものとして750の税を納め，第3年度に625の所得があったものとして250の税を納めたので，C社からA氏への5,000の分配に際してA氏に2,500（＝5,000－2,500）の所得が生じたものとして扱ってしまうと，二重課税が生じます。

そこで，basis（ベイシス）（基準価格という訳語がありますが，日本人もカタカナで呼びます）という概念が出てきます。

第０年度にＡ氏は2,500を出資し25株を受け取ったので，第０年度の株式のbasisは１株当たり100（Ａ氏は合計で2,500）です。Ａ氏は第２年度に1,875，第３年度に625の所得が配賦され課税されるので，basisを2,500から2,500＋1,875＋625＝5,000に引き上げます。そして，第３年度にＣ社から5,000を受け取った際，調整後のbasisである5,000との差額，すなわち０がＣ社の解散に関するＡ氏の課税所得となります。第３年度，Ａ氏は，Ｃ社のＨの譲渡益に関し625，Ｃ社の解散に関し０の課税所得が認識されます。

Ｃ社の解散により，Ｅ氏は8,000×（15株/40株）＝3,000が分配されます。Ｅ氏の株式のbasisを1,500から1,500＋1,125＋375＝3,000に引き上げて，Ｃ社の解散によるＥ氏の所得を０とすると部分的に二重課税が生じます。

この15株に関し，既にＢ氏が750の譲渡益を受け，Ｅ氏が1,500（＝1,125＋375）の所得の配賦を受け，Ｂ氏とＥ氏の課税所得は合計2,250になります。Ｃ社の第０年度から第３年度までの合計4,000（＝8,000－4,000）の所得の８分の３（＝15株/40株）である1,500であるはずなのに，2,250だと750が課税されすぎです。

Ｅ氏の株式15株について，第１年度にＥ氏がＢ氏から購入した時点で，basisを2,250（１株当たり150）にしておく必要があります。Ｅ氏の保有株式のbasisを2,250＋1,125＋375＝3,750へと調整し，第３年度にＣ社から3,000の分配を受けた時点で，3,000－3,750＝－750の所得（750の損失）を認識します。第３年度，Ｅ氏は，Ｃ社のＨの譲渡益に関し375，Ｃ社の解散に関し－750，合計して－375の所得（375の損失）を認識します。

図表4－1：組合方式ではbasisが必要である

年度	A氏		B氏		E氏		C社	
1	所得配賦	0	所得配賦	0	—		所得	0
	basis 含み益	2,500 1,250	basis 譲渡益	1,500 750	basis 譲渡益	2,250 0	basis 含み益	4,000 2,000
2	所得配賦	1,875	—		所得配賦	1,125	所得	3,000
	basis	4,375	—		basis	3,375	—	
3	所得配賦	625	—		所得配賦	375	所得	1,000
	basis 譲渡益	5,000 0	—		basis 譲渡益	3,750 −750	—	

土地DまたはHが値上がりするだけで事業利益は0という単純な例を想定したにもかかわらず，配賦とか，二重課税排除のためのbasis調整とか，面倒な作業が必要となりました。一度読んだだけでは理解しにくいと思います。

包括的所得概念と実現主義を前提とすると，法人所得税があろうとなかろうと，法人等のentityが保有する資産（土地D等）のbasisと，法人等のentityの持分（株式等）のbasisという，二種類のbasisを見なければならないので，複雑になります。組合方式だから複雑なのではなく，法人所得税が存在しても原理的には複雑なはずですが，法人所得税が存在する現実世界では二種類のbasisの調整をせず会社・株主の二重課税が存在してしまっています。

実現主義が問題の原因ならば，時価主義にすればよいではないか，と読者は感じるかもしれません。

2 株式についての時価主義

本章1の数値例をそのまま用い，個人所得税率40％，法人所得税率０％，時価主義を想定しましょう。

第１年度，Ｃ社の保有する土地Ｄの価格が4,000から6,000に上昇したので，株式の価格も１株当たり100から150（＝6,000÷40株）に値上がりしています。

Ａ氏は25株保有していますので，（150－100）×25＝1,250の課税所得を認識し1,250×40％＝500の税を納めることになります。Ｂ氏は1,500を出資して取得した株式を2,250（＝150×15株）でＥ氏に売却したので，2,250－1,500＝750の課税所得を認識し750×40％＝300の税を納めることになります。Ｅ氏は2,250の金員を失って2,250の価値の株式を取得しているので純資産増加はありませんから課税所得も生じません。

第２年度，Ｃ社の保有する土地Ｄの価格が6,000から7,000に上昇したので，株式の価格は１株当たり150から175（＝7,000÷40株）に値上がりしています。Ａ氏は25株保有していますので，（175－150）×25＝625の課税所得を認識し625×40％＝250の税を納めることになります。Ｅ氏は15株保有していますので，（175－150）×15＝375の課税所得を認識し375×40％＝150の税を納めることになります。

第３年度，Ｃ社は解散し，1,000の譲渡益を実現させています。Ａ氏，Ｅ氏への分配は25株：15株ですから，Ａ氏は625の所得について250の税を納め，Ｅ氏は375の所得について150の税を納めます。

Ｂ氏とＥ氏が保有していた15株に関しても二重課税は生じません。二種類のbasisの調整とかいう煩わしさがありません。完璧です。

3 時価主義が困難な理由

完璧なのに時価主義は原則として採用されていません。

第一の理由は，時価を把握するのが難しいからです。土地D等の資産の時価の把握も困難です。さらに，A氏の有する25株とB氏またはE氏が持つ15株について1株当たりの価値は同じであるという前提で説明しましたが，会社の支配権を左右する株式の価値は会社の支配権を左右しない株式の価値より高いかもしれません[39]。ある裁判では，問題となっている株式が会社の支配権を左右するものとして高く評価されるかをめぐり，1株当たり75円であるという主張と2,505円であるという主張が対立しました[40]。

第二の理由は，納税資金調達が困難だからです。第1年度にA氏に1,250の未実現所得があるとして500の納税義務を課したとしても，A氏にお金がないかもしれません。もう少し突っ込んで考えると，A氏が納税資金を銀行から借金した場合の金利負担が問題である，とも言い換えられます。

逆に言うと，これら2つの理由が当てはまらない場合は，立法でも時価主義が採用されています。例えば法人税法61条の3は売買目的有価証券（例えば**上場会社**（listed company）の株式）について時価主義を採用しています。法人が他の上場会社の株式を保有している場合，時価把握が容易ですし納税資金調達も容易です。

他方，上場していない会社（**閉鎖会社**（closed company）と呼びます）の株式の時価評価は難しく，未実現所得課税をした場合の納税資金調達の困難（金利負担の重さ）という問題も深刻です。

39 渋谷雅弘「資産移転課税（遺産税，相続税，贈与税）と資産評価―アメリカ連邦遺産贈与税上の株式評価を素材として―（1～5・完）」法学協会雑誌110巻9号1323～1383頁，10号1504～1563頁，111巻1号69～130頁，4号476～536頁，6号769～821頁（1993～1994）参照。

40 最判令和2年3月24日集民263号63頁。(https://www.courts.go.jp/app/hanrei_jp/detail2?id=89339)。

4　法人所得税の存在を前提に税負担を株主段階で減らす①：配当控除

組合方式も時価主義も難しいとなると，法人所得税の存在は仕方ないかもしれません。

日本法は，所得税法92条（**配当控除**）が，会社・株主の二重課税を一部救済しています。個人株主が非上場会社から配当を受け取る[41]と，個人所得税が課されますが，会社段階で法人所得税が課されたものであることに鑑み，配当額の10％（条件によっては５％，2.5％）の税額控除を認めています。

個人所得税率40％，法人所得税率30％と想定してみましょう（所得控除は無視します）。

非上場のＩ社が100株を発行しており，個人であるＪ氏がそのうちの20株を保有しているとします。Ｉ社が事業を営み2,000の税引前所得を稼得すると，Ｉ社は2,000×30％＝600の税を納めます。Ｉ社が2,000－600＝1,400のすべてを配当したとすると，Ｊ氏は100株中の20株を保有しているので，1,400×20/100＝280の配当所得を受け取ることになります。

この他に，Ｊ氏は税引前給与所得520を稼得していたとすると，Ｊ氏の合計の課税所得は280＋520＝800であり，800×40％＝320の税額が仮に計算されますが，所得税法92条により，280×10％＝28の税額控除が認められるので，仮税額320から税額控除額28を控除した292（＝320－28）が最終的な納税額となります。

Ｉ社段階で600の法人所得税が納められており，そのうちＪ氏が受け取った配当に対応する部分は600×20/100＝120であるところ，28の税額控除により，会社・株主の二重課税を<u>一部</u>救済している，ということです。本当に一部ですね。

41　上場会社から個人株主が配当を受け取る場合は，所得税法ではなく特則（特別な規則）としての租税特別措置法により配当受領者個人の他の所得（この例でいえばＪ氏の税引前賃金520）と合算されず，配当に係る源泉徴収課税だけで済んでしまうことが多いので，ここでは省略します。

5 法人所得税の存在を前提に税負担を株主段階で減らす②：imputation方式

かつて，会社・株主の二重課税を100％救済する方法が欧州の一部の国で実施されていました。**imputation方式**（定訳はなし）と呼びます。個人株主受領配当額と法人所得税率が既知であれば（例えば本章**4**の想定で考えてみましょう），配当280を受領した際，Ｉ社段階で280÷（１－30％）＝400（**グロス・アップ**（gross up）と呼びます）の所得に関し400×30％＝120の法人所得税が課されたと計算できます。Ｊ氏（受領配当280の他に給与所得520がある場合）の課税所得を280＋520＝800ではなくグロスアップを考慮して400＋520＝920と計算し，920×40＝368の仮税額を計算した上で，120の税額控除を認め，248（＝368－120）が納税額となります。

しかしimputation方式は国際的な投資に適用しにくいという難点があり，今では廃れました。

Ｉ社と株主Ｊ氏がともにＲ国居住者である一方，Ｋ社がＳ国法人であり，Ｋ社の株主であるＬ氏がＲ国居住者である例を考えてみましょう（個人所得税率40％，法人所得税率30％と想定します）。

Ｊ氏がＩ社から受け取った配当280だけに着目すると，Ｉ社段階で税引前所得が400（＝280÷（１－法人所得税率））であると，前述しました。先ほどはＪ氏に給与所得もあると想定していましたが，配当所得だけに着目しましょう。もし法人所得税がなくＩ社の税引前所得400がＪ氏に配賦されるならば，Ｊ氏は400×40％＝160の納税義務を負います。法人所得税率30％が存在し，Ｉ社が120の法人所得税を納めたので，この120をＪ氏の暫定的な所得税額160から控除する，というのが，imputation方式の考え方です（次頁図表４－２）。

imputation方式をＳ国のＫ社とＲ国のＬ氏に当てはめると，**図表４－３**になります。Ｒ国が税収を失うという点で採用し難いところです。また，執行面でも難点があります。Ｌ氏が配当280を受け取った際に，その配当を支払ったＫ

社がＳ国で30％の税率で課税されていることをＲ国課税庁が把握していることが，400（＝280÷（１－法人所得税率））の計算式の前提です。しかしその把握が難しいこともあります。

Ｒ国がimputation方式を採用していても，外国の会社から受けた配当についてはimputation方式を適用しない，という内外差別をしていたとしましょう（**図表４－４**）。Ｒ国のＬ氏がＳ国からの配当280を受け取る際に，imputation方式を適用せず個人所得税率40％を適用すると，280×40％＝112の税をＲ国に納めます。

EUで**図表４－４**の差別は許されない，と判断されました[42]。Ｒ国がEU加盟国であれば，imputation方式を諦めるか，**図表４－３**のように内外無差別でimputation方式を適用するか，という選択に迫られます。結局，imputation方式は諦められました。

図表４－２：国内imputation方式

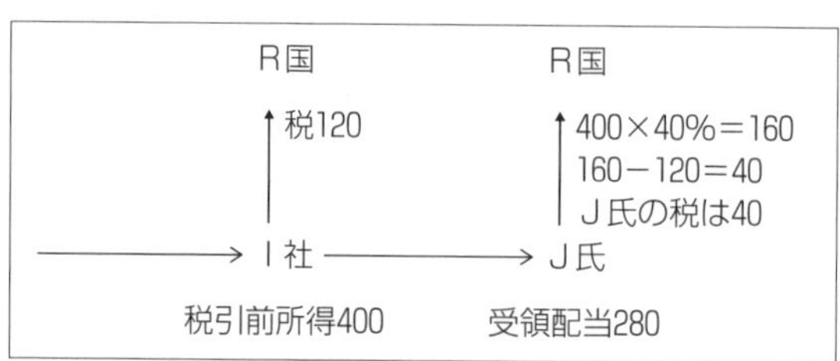

図表４－３：内外無差別

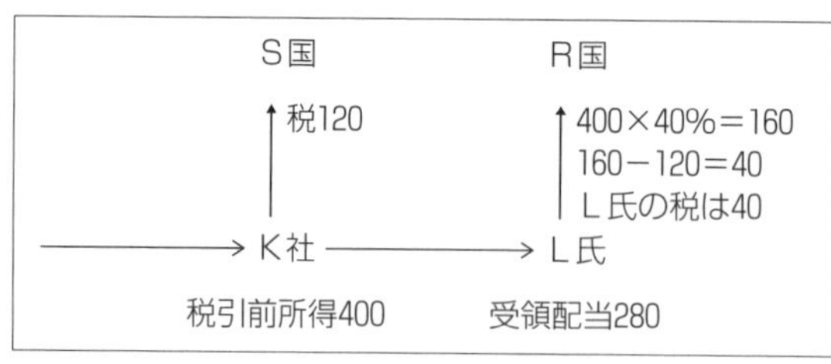

42 *Meilicke I*（C-292/04）；*Meilicke II*（C-262/09）。

図表４－４：内外差別

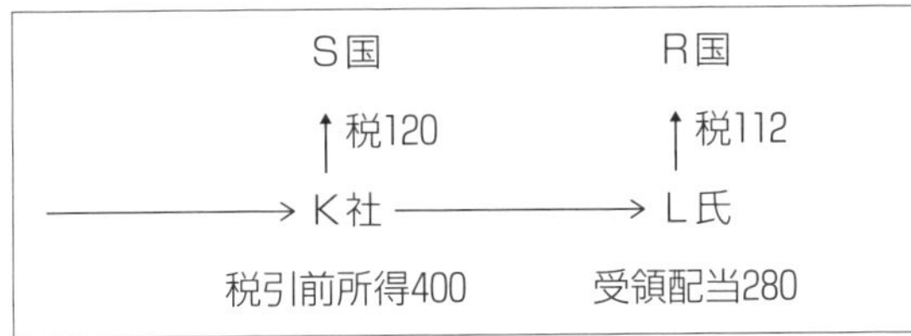

6 debt/equity非中立性解消策①：利子を配当に揃えるCBIT

会社・株主の二重課税は，debt/equityの非中立性とも絡みます。会社が株主に支払う配当（equity）について会社段階と株主段階の二重課税がある一方，会社が借金をした場合に支払う利子（debt）については会社の所得計算において控除されるため，会社段階では課税されず利子受領者段階だけで課税されるという一重課税である，という違いがあるからです。

debt/equityの非中立性を解消する１つ目の方向として，利子を配当に揃えるという方向があります。会社の支払利子控除も認めなくすることで，会社が資金調達をする際の法形式の選択の歪みをなくそうとする方向です。これをCBIT（シービット）（Comprehensive Business Income Tax。定訳はなし。あえて訳せば包括的事業所得課税）と呼びます。

第２章で個人事業・組合事業・法人事業を比較しましたが，事業を営むentityの法形式の選択を撹乱させないようにするため，どのような法形式のentityでも企業は法人所得税に服すとし，利子支払いの控除を否認してequityに揃えます。

代わりに，利子や配当の受領者側では課税しないとすることで，二重課税を解決します[43]。

CBITは1990年代にアメリカの財務省[44]が真剣に検討していました。しかし，今に至るまで，アメリカに限らず採用例を聞きません。アメリカがCBITを採用したら，アメリカ企業への投資が減る（ひいてはアメリカの労働者の賃金の減少に繋がる）ことを恐れたのでしょう。

7 debt/equity非中立性解消策②：配当を利子に揃えるACE，BEIT

debt/equityの非中立性を解消する２つ目の方向として，配当を利子に揃えるという方向があります。配当支払いであっても法人所得税の所得計算において控除を認めるということです。これはACE（エース）（Allowance for Corporate Equity。定訳はなし。あえて訳せば法人資本対応控除）[45]と呼ばれます。

ただし，配当の全額について控除を認めるのではなく，一定利率の控除を認め，超過部分については法人所得税が課せられます。利子は全額について控除を認め，配当については一部だけ控除を認めるとするとdebt/equityの非中立性が完全には解消されませんので，金銭貸付か出資かを問わず企業（個人事業，組合事業，法人事業を問わない）の負債と資本の合計額に一定利率を乗じた額については控除を認め，超過部分に課税するというBEIT（Business Enterprise Income Taxation。定訳はなし。あえて訳せば企業所得課税）[46]も考案されています。発想はACEと同様の方向です。

CBIT採用国がないのとは対照的に，ACEの採用例としてベルギーなどが存

43 利子・配当受領者個人段階の所得課税の累進性を維持する方法も考えられます。David Hasen, CBIT 2.0：A Proposal to Address US Business Taxation, 140 Tax Notes 909～926（2013.8.26）.

44 Treasury Department, Report of the Department of the Treasury on Integration of the Individual and Corporate Tax Systems：Taxing Business Income Once（1992）.

45 Institute for Fiscal Studies, Mirrlees Review：Tax by Design（Oxford University Press, 2011）のChapter 17（Taxing corporate income），神山弘行「法人課税とリスク」金子宏ら編『租税法と市場』321～339頁（有斐閣，2014），浅妻章如「分析道具としてのCBIT・BEITの理念的モデル」トラスト未来フォーラム研究叢書『金融取引と課税(4)』39～60頁（トラスト未来フォーラム，2016）。

46 Edward D. Kleinbard, Designing an Income Tax on Capital, in Aaron, Burman & Steuerle, ed., Taxing Capital Income 165～205（The Urban Institute Press：Washington DC, 2007）；Edward D. Kleinbard, Rehabilitating the Business Income Tax,（http://www.hamiltonproject.org/papers/rehabilitating_the_business_income_tax1/, 2007）。

在します[47]。

ACEまたはBEITでは通常収益と超過収益との区別という発想を要します。これまでは，計算の便宜のため利子率・割引率が10％（年複利）であると想定してきました。しかし，実際の投資は，結果として10％を超えるまたは下回る税引前収益をもたらします。例えば，利子率・割引率が10％（年複利）の世界で1,000を投資して１年後に税引前で1,230を回収できた場合，230の税引前収益のうち投資額×10％に相当する部分を**通常収益**（normal return。**正常収益**とも訳されます）と呼び，1,230－1,000×1.1＝130の部分を**超過収益**（extraordinary return。**超過利潤**（excess profit）とも表現されます）と呼びます。

通常収益とは，ある投資を諦めて**次善**（second-best）の策として別の投資先を選んでいたら10％の収益を得ることができていたであろうという部分のことです。**機会費用**（opportunity cost）という表現を用いることもあります。超過収益をもたらす可能性のある投資は，一般にリスクが高く，超過収益がプラスとなる可能性もマイナスとなる可能性もあることが通例です。1,000を投資して１年後の回収額が1,030の場合，超過収益は－70（＝1,030－1,000×1.1）です。

残念ながら，**通常収益率**（normal rate of return）として１年当たり何％の利率を想定することが妥当であるかについて，学界の見解は一致していません。通常収益を得られる投資は次善の策としての投資を想定しますので，世の中に一般に行われている投資（例えば株式投資）よりは低リスクの投資（例えば不動産投資）を想定しますが，完全に無リスクな投資（ほぼ無リスクの投資先として想定されるのは国債です）を想定するわけでもありません。純然たる無リスク収益率（risk－free rate of return）は年１％程度かそれにも満たないかもしれないと推計されている[48]一方で，通常収益率は少しリスクを負担する率なので年１％よりも少し高い率を想定すべきですが，株式投資より低い率を想

47　佐藤良「法人税の抜本的改革方法の類型と事例─キャッシュフロー法人税，ACE，CBIT，DBCFT─」レファレンス848号111～147頁の130～146頁（2021.8.20）。ベルギーで2023年廃止との報に接しました。Projet de loi-programme（2022.11.24 https://www.dekamer.be/flwb/pdf/55/3015/55K3015001.pdf）の77頁。

定すべきです[49]。

通常収益控除は，yield exemption方式の発想です。yield exemption方式とexpensing方式は同じ結果をもたらすと**第1章3**で述べましたが，リスクのある投資の世界では，yield exemption方式の控除率の高低次第で，expensing方式と結果が変わります。そして政府が定めねばならない通常収益率を何%にすべきかは難問です。控除率が高ければ金持ち優遇になりますし，控除率が低ければ投資を冷遇してしまい経済成長を阻害してしまいます。

他方，expensing方式は，控除率を政府が定める必要がありません。そのことを**第5章**で見ていきましょう。

48 増井良啓『租税法入門』175頁（2版，有斐閣，2018），Joseph Bankman & Thomas Griffith, Is the Debate Between an Income Tax and a Consumption Tax a Debate About Risk? Does it Matter?, 47 Tax Law Review 377-406（1992）。

49 学界の見解の一致がない中，Thomas J. Brennan, Perils of Partial Mark-to-Market Taxation (mimeo, http://ssrn.com/abstract=2313214）を参考に，私は年3～4%あたりと考えています。

第5章

法人所得税と付加価値税の違い

1 包括的所得概念を前提とした法人所得税：減価償却

法人所得税率30%，税引前収益率10%(年複利)，包括的所得概念を前提とします。

A社が第0年度末に機械Bを購入します。Bは，第1年度に税引前収益1,000，第2年度に税引前収益1,000をもたらし，第2年度末に無価値になると想定します。第0年度末に購入したので，A社は第0年度はBを用いた事業をしていません。また，A社がBについて特殊なノウハウを有していないと想定します。

第1年度の1,000の第0年度における割引現在価値は1,000÷(1＋10%)≒909，第2年度の1,000の第0年度における割引現在価値は$1{,}000 \div (1+10\%)^2 \fallingdotseq 826$です。したがってBの第0年度における割引現在価値は1,735(＝909＋826)です。

包括的所得概念は **所得＝消費＋純資産増加** と所得を定義します。法人は消費をせず，また，第0年度の純資産増加は零（金銭支出と機械B取得が釣り合う）です。第0年度末の支出1,735をA社の課税所得から控除できるわけではありません。**費用収益対応の原則**（matching principle）といって，収益と対応する部分だけの費用を計上すべきというのが法人税法上の原則的な扱いです。第0年度においてBを用いた事業をしていないので，収益がない以上，対応する費用もないのです。

第1年度にBの価値は1,735から909へと826減少します。第2年度の1,000の第1年度における割引現在価値は1,000÷(1＋10%)≒909であるからです。第1年度の税引前収益1,000と対応する費用としてBの価値の減少分である826を控除します。これを**減価償却費**（depreciation cost）の控除といいます。また，この計算方法を**真の経済的減価償却**（true economic depreciation）または**Samuelson償却**[50]と呼びます。実務では簡便な計算方法（定額法，定率法）

を用いますが，本書はSamuelson償却を前提とします。課税対象となる所得は収益から費用を控除した額として計算されます（所得＝収益－費用[51]）。第1年度の課税所得は1,000－826＝174，税額は174×30％≒52です。

第2年度にBの価値は909から0へと909減少しています。第2年度の減価償却費は909です。第2年度の課税所得は1,000－909＝91，税額は91×30％≒27です。

以上の計算は，C社が第0年度に1,735を銀行に預金し，第1年度に1,000を引き出し，第2年度に1,000を引き出した場合と，同じです。第0年度に1,735を預金したので第1年度の利子所得は1,735×10％≒174です。第1年度に1,000を引き出すので，1,735×1.1－1,000＝909が預金口座に残ります。第2年度の利子所得は909×10％≒91です。第2年度に909×1.1＝1,000を引き出すので，預金口座の残額は零です。

2 消費型所得概念を前提とした法人所得税：expensing方式

思考実験として，D社にはexpensing方式が適用されると想定します。法人所得税率30％，税引前収益率10％（年複利）の想定はそのままとします。

D社が第0年度に機械Bを購入し1,735を支出したと想定します。D社は，Bを用いる事業の他に，不動産を賃貸するという事業もしており，毎年度安定して3,000の収益が入ってくると想定します。

expensing方式（全額即時控除方式）の下で，費用収益対応の原則を無視し，D社は第0年度の支出1,735をすべて課税所得から控除できます。Bを購入していなかったらD社の課税所得は3,000であり，900の税を納めるべきであったところ，Bの購入により，課税所得は1,265（≒3,000－1,735）となり，税額は

50 Paul A. Samuelson, Tax Deductibility of Economic Depreciation to Insure Invariant Valuations, 72 Journal of Political Economy 604～606 (1964).

51 法人税法22条1項は，所得＝「益金」－「損金」，という語を用いています。収益≒益金，費用≒損金と考えて概ね差し支えありません。

379（≒1,265×30％）となります。つまりBの購入は900－379＝521（≒1,735×30％）の租税負担減少をもたらします。そこで，Bを用いた事業に関して，Bの購入に関するexpensing方式の適用は，－521の税負担（言い換えると521の税負担減少）をもたらす，と表現できます。

第0年度に支出額1,735をすべて控除したので，第1年度も第2年度もBを用いた事業に関して控除するべき費用は零となります。よって，第1年度も第2年度も課税所得＝収益1,000であり，税額は300となります。

図表5－1　包括的所得概念とexpensing方式の比較

	収益	現在価値	A社：包括的所得概念			D社：expensing方式		
			費用	所得	税	費用	所得	税
第0年度	0	1,735	0	0	0	1,735	－1,735	－521
第1年度	1,000	909	826	174	52	0	1,000	300
第2年度	1,000	0	909	91	27	0	1,000	300
単純合計	—	—	—	①265	②79	—	③265	④79
第2年度換算の合計	—	—	—	⑤282	⑥85	—	⑦0	⑧0

図表5－1の左から2番目の列（第2列）は，第0年度～第2年度の税引前収益です。第3列は，第0年度～第2年度の機械Bの現在価値です。第4列～第6列は，包括的所得概念に沿って計算した場合の，第0年度～第2年度の費用（＝減価償却費），所得，税の額です。第7列～第9列は，expensing方式に沿って計算した場合の，第0年度～第2年度の費用，所得，税の額です。

表の①は，包括的所得概念に沿って計算した場合の第0年度～第2年度の所得額を単純に合計した値（0＋174＋91）です。②は第0年度～第2年度の税額を単純に合計した値（0＋52＋27）です。

表の③は，expensing方式に沿って計算した場合の第0年度～第2年度の所得額を単純に合計した値（－1,735＋1,000＋1,000）です。②は第0年度～第2年度の税額を単純に合計した値（－521＋300＋300）です。

当たり前ですが①＝③であり，②＝④です。なぜ当たり前かというと，第2

列の収益がA社とD社で同じであり，第4列のA社の費用の合計額と第7列のD社の費用の合計額も同じで，第4列と第7列とで第0年度〜第2年度の費用の計上年度が異なるだけであるからです。

しかし，経済実質的にA社とD社の有利不利を判断する際，time value of money（金銭の時間的価値）を考慮すべきです。ここでは表の一番下の行で第2年度の価値に換算してA社とD社の有利不利を比較しています。

A社に関し，⑤は174×1.1＋91≒282となり，⑥は52×1.1＋27≒85となります。

D社に関し，⑦は$-1{,}735\times1.1^2+1{,}000\times1.1+1{,}000=0$となります。元々，第0年度における機械Bの割引現在価値1,735が$1{,}000/1.1+1{,}000/1.1^2$として算出されたものですから，0になるのは当たり前です。したがって，⑧は$-521\times1.1^2+300\times1.1+300=0$となります。expensing方式は利子に対する租税負担を消す課税方式ですから（**第1章3**），当たり前のことなのです。time value of moneyを考慮するとA社よりD社のほうが有利です。

3 企業に事業のノウハウがあり超過収益がある場合

本章の1と2では，A社またはD社が機械Bを用いた事業をする特殊なノウハウがないと想定していました。次に，E社は特殊なノウハウを有していると想定します。E社が第0年度末に機械Bを購入し，E社には特殊なノウハウがあるためE社がBを用いて事業を営むと第1年度及び第2年度の税引前収益は1,500になる，と想定します[52]。Bを他者が用いて事業をすると第1年度及び第2年度の税引前収益は1,000なのでBの第0年度の時価1,735は変わらないと想定します。

また，E社はA社と同様に包括的所得概念に沿って課税されるとします。他方，F社にもE社と同様の特殊なノウハウがあると想定します。F社はex-

52 ノウハウは，収益を増やす方向だけでなく，費用を低く抑えることができるという方向で考えてもよいです。今回は費用が減価償却費だけなので収益が増える例を想定しました。

pensing方式に沿って課税されると想定します。E社，F社の税はどうなるでしょうか。

図表5－2　包括的所得概念とexpensing方式の比較

	収益	現在価値	E社：包括的所得概念			F社：expensing方式		
			費用	所得	税	費用	所得	税
第0年度	0	1,735	0	0	0	1,735	－1,735	－521
第1年度	1,500	909	826	674	202	0	1,500	450
第2年度	1,500	0	909	591	177	0	1,500	450
単純合計	—	—	—	①1,265	②379	—	③1,265	④379
第2年度換算の合計	—	—	—	⑤1,332	⑥400	—	⑦1,050	⑧315

E社の第0年度の税額の計算はA社と同様です。第1年度の収益は1,500，費用（減価償却費）は826，所得は674（＝1500－826），税額は202（≒674×30％）となります。第2年度の収益は1,500，費用は909，所得は591（＝1,500－909），税額は177（≒591×30％）となります。

F社の第0年度の税額の計算はD社と同様です。第1年度及び第2年度の収益は1,500ずつ，費用は0ずつ，所得は1,500ずつ，税額は450ずつとなります。

図表5－1の①②③④と同様，**図表5－2**について，第0年度～第2年度の所得や税額を単純に合計すると，①＝③，②＝④となります。また，**図表5－1**の⑤⑥⑦⑧と同様，**図表5－2**について，第0年度～第2年度の所得や税額を第2年度の価値に換算して比較すると，⑤は674×1.1＋591＝1332，⑥は202×1.1＋177＝400，⑦は－1,735×1.1^2＋1,500×1.1＋1,500＝1,050，⑧は－521×1.1^2＋450×1.1＋450＝315となります。**図表5－1**の⑤＞⑦，⑥＞⑧と同様，**図表5－2**も⑤＞⑦，⑥＞⑧です。

D社の経済実質的な租税負担は零（**図表5－1**の⑧）でしたが，特殊なノウハウによって単なる投資額のtime value of money（金銭的価値）としての部分の収益（通常収益（normal return））を超える部分の収益（超過収益（extra ordinary return）。**図表５－２**では第１年度の500と第２年度の500のこと[53]）を獲得しているＦ社について見てみると，超過収益部分に30％で課税がなされていることがわかります。

⑦は1,050（$= -1{,}735 \times 1.1^2 + 1{,}500 \times 1.1 + 1{,}500$）と計算されていますが，これは第１年度の500と第２年度の500の超過収益を第２年度の価値に換算した値（$= 500 \times 1.1 + 500$）と同じです。⑧は$-521 \times 1.1^2 + 450 \times 1.1 + 450 = 315$と計算されていますが，これは超過収益に対応する税負担（第１年度の150（$= 500 \times 30\%$）と第２年度の150（$= 500 \times 30\%$））を第２年度の現在価値に換算した値と同じです。

第５章　法人所得税と付加価値税の違い

4　超過収益がある場合のexpensing方式とyield exemption方式との比較

第１章3でyield exemption方式とexpensing方式は同じ課税結果をもたらすと説明し，**第４章7**でyield exemption方式の発想であるACE（allowance for corporate equity）について説明しました。

本章2と**3**のＤ社とＦ社を見比べることで，消費型所得概念に沿った課税方式としてのexpensing方式は，超過収益部分だけ課税する（通常収益部分は課税していない）ということがわかります。

yield exemption方式は，利子に課税しない方式であると説明してきましたが，利子のすべてについて課税しないのではなく，通常収益部分（ここでは説明の便宜として税引前収益率10％（年複利）の部分が通常収益の部分であると

53　超過収益をもたらすのは特殊なノウハウだけではありません。規制により競争者が参入できないといった場合も超過収益をもたらすことがあります。かつては法曹（弁護士，裁判官，検察官）になるための司法試験の合格者数が年500人程度に抑えられており，規制産業の典型として挙げられることもありました。今も司法試験はありますが，合格者数が年1,500人ほど（2022年は1,403名）へと増えています。法曹の，参入規制による超過収益は，なくなってはいないかもしれませんが小さくなったであろうと思われます。

しています）だけ課税しない，とすることで，expensing方式のＦ社と同じ課税結果になります。

yield exemption方式の課税結果を具体的に見てみましょう。Ｇ社がやはりＦ社と同様のノウハウを有しており，yield exemption方式（ACE）で課税されていると想定します。

図表５－３　expensing方式とyield exemption方式

	収益	現在価値	G社：yield exemption方式（ACE）			F社：expensing方式（再掲）		
			費用	所得	税	費用	所得	税
第０年度	0	1,735	0	0	0	1,735	−1,735	−521
第１年度	1,500	909	826＋174	500	150	0	1,500	450
第２年度	1,500	0	909＋91	500	150	0	1,500	450
単純合計	—	—	—	①1,000	②300	—	③1,265	④379
第２年度換算の合計	—	—	—	⑤1,050	⑥315	—	⑦1,050	⑧315

Ｇ社の計算は，Ｅ社の計算に少し修正を加えることでできます。第１年度のＥ社の費用は減価償却費826でしたが，Ｇ社については，第０年度の1,735（第０年度にＧ社は株主から1,735の出資を受け，借入れ０で，機械Ｂを購入し，Ｇ社の負債と資本の合計額が1,735であると想定）の通常収益率10％に相当する174を加えて，Ｇ社の第１年度の費用を826＋174＝1,000とします。第１年度の収益は1,500から費用1,000を引いて所得は500，税は150となります。

第２年度は，第１年度末の909（次段落で説明しますが，難しいので次段落は読み飛ばしても構いません）の通常収益率10％である91を，第２年度の減価償却費909に加算した909＋91＝1,000が費用となり，所得は500，税額は150となります。①≠③，②≠④ですが，第０年度～第２年度の所得や税額を第２年度の現在価値に換算すると，⑤＝⑦，⑥＝⑧となります。

第１年度末の909について補足します。Ｇ社は第０年度に個人株主（Ｈ氏とします）から1,735の出資を受けて機械Ｂを購入し，第１年度の税引前収益1,500のうち，税額150を除いた1,350が個人株主に配られたと想定します。そして，1,350のうち減価償却費826と同額だけ資本金を株主に戻し，資本が1,735から909に減少（**減資**と呼びます）したと想定します。減資826は，株主が会社に出資した額が株主に戻ってきただけでありますから，Ｈ氏にとって配当ではありません。第１年度にＧ社から株主に配られた1,350から減資826を除いた524（＝1,350－826）が配当です。yield exemption方式がＧ社にもＨ氏にも適用されると，受領配当524のうち第０年度出資額の10％である174（≒1,735×10％）をＨ氏も控除でき，524－174＝350が個人株主段階の課税対象配当所得額になります。

5　法人税法の法人所得税と消費税法の付加価値税

日本の法人税法の法人所得税は，Ｅ社のように，減価償却費を控除するという包括的所得概念に沿った課税所得計算を原則としています。

他方，Ｆ社のように，expensing方式を原則とする課税方法も，日本で採用されています。それが消費税法です。巷間では消費税と呼ばれますが，消費税は酒税等も含む意味で用いられることもあり紛らわしいので（**第１章1**参照），本書では付加価値税（VAT：value added tax[54]）と呼びます。

第１章1で，所得課税とは包括的所得概念に沿った課税方法，消費課税とは消費型所得概念に沿った課税方法，と説明しました。法人税法は包括的所得概念に沿っていますので所得課税に位置付けられます。付加価値税はexpensing方式を採用しているため消費型所得概念に沿った企業利得課税方法であり，消費課税に位置付けられます。

法人税法による法人所得税と消費税法による付加価値税について巷間では全く違う税と受け止められがちですが，企業利得課税方法として連続的に理解で

54　GST（goods & services tax。財サービス税または物品サービス税）という表記を用いる国もあります。課税方法はVATと同様です。

きます。主な違いは以下の５点です。

(1)　法人所得税は減価償却費を控除。付加価値税は投資額全額を即時控除。

(2)　法人所得税は銀行や社債権者に支払う利子を費用として控除する。付加価値税は利子を控除しない[55]。

(3)　法人税法は原則として法人だけ課税する。付加価値税は「事業者」（消費税法４条１項）という用語で課税対象者を定義しており，事業者は法人だけでなく個人事業者も含む（消費税法２条１項４号）。

(4)　法人所得税は賃金を費用として控除する。付加価値税は賃金を控除しない。

(5)　法人所得税は原則として輸出国に課税権を配分する。付加価値税は原則として輸入国に課税権を配分する[56]。

これらの違いのうち(3)(4)は本質的な違いとは考えられていません。

(3)について，所得課税の文脈で個人事業者が法人税法の課税対象者に含められていなくても，個人所得税の課税対象者にはなります。

(4)について，付加価値税は機械等の購入費を控除する一方で賃金は控除しないので，労働者を冷遇する課税方法である，と主張する人を時折見かけます。しかし，法人税法に関して賃金が控除されても，賃金受領者たる個人に個人所得税が課されますので，所得課税の文脈で賃金が非課税であるわけではありません。

55　浅妻章如『ホームラン・ボールを拾って売ったら二回課税されるのか』第８章（中央経済社，2020）でキャッシュ・フロー法人税（cash flow tax）について説明しました。付加価値税が採用しているのはRベースです。なお，155頁に致命的な誤りがあります。誠に申し訳ありません。「Rベース……利子支払いも配当支払いも損金算入してよい」は正しくは「Rベース……利子支払いも配当支払いも損金算入しない」です。

56　これらの違いの他，不動産取引についても法人税法と消費税法とで違いがあります。日本の付加価値税では土地と建物の区別も実務上は重要であり，課税対象か否かの違いが納税者に与える影響も甚大です（最一小判令和５年３月６日令和３（行ヒ）260号等参照）。しかし，不動産取引が付加価値税の課税対象であってもなくても破綻しませんし（Wei Cui, Objections to Taxing Resale of Residential Property Under a VAT, 2012 WTD 227-23，知原信良「消費税と不動産取引」論究ジュリスト10号200～204頁（2014）），国によっても扱いが異なり，理論的にかくあるべしという領域ではない（課税対象か否かは付加価値税導入後の最初の取引における不動産所有者の得失に影響するだけで付加価値税の本質を変えるものではない）と私は理解していますので，本書では深入りしません。

6 付加価値（value added）とは

図表5－4 付加価値

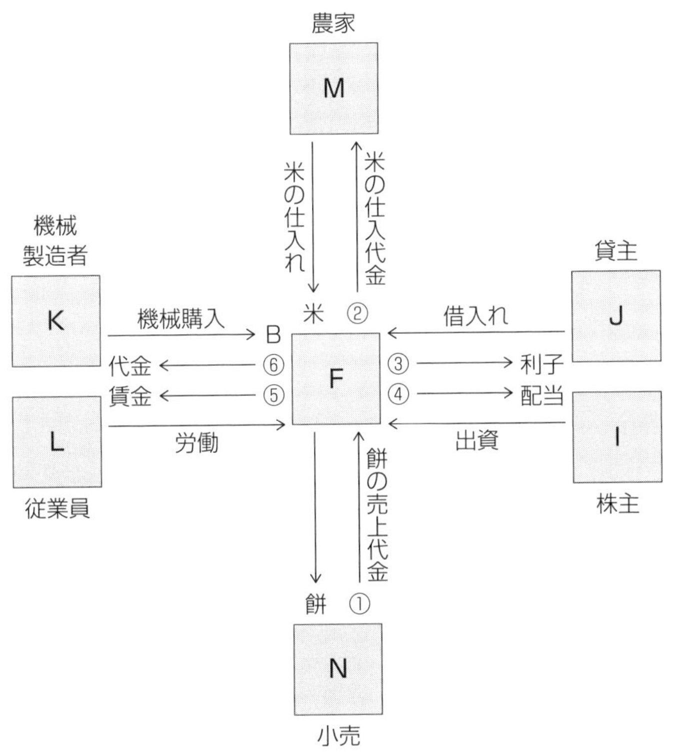

ここで，付加価値税のしくみを**図表5－4**を用いて説明します。

Ｆの株主をＩとします。ＦはＪから借金もします。ＦはＫから機械Ｂを購入します。Ｆは従業員Ｌを雇い賃金を支払います。ＦはＭ（例えば農家）から原材料（例えば米）を仕入れます。Ｆは商品（例えば餅）を製造し，小売業者Ｎ（例えばスーパーマーケット）に卸売りします。

所得税法・法人税法では，**所得＝収益－費用** と計算されます。収益はＮがＦに支払う餅の①売上代金です。費用は，ＦがＭに支払う米の②仕入代金，Ｊ

に支払う③利子，Lに支払う⑤賃金，そしてKに支払った⑥機械代金のうちの減価償却費部分です。

付加価値税では，**付加価値＝売上－仕入**と計算されます。控除対象は，FがMに支払う米の②仕入代金と，Kに支払った⑥機械代金全額（expensing方式）です。⑤賃金と③利子支払いが控除できません。

所得＝収益－費用
＝(①売上代金)－(②仕入代金＋③利子＋⑤賃金＋⑥機械代金減価償却費部分)
付加価値＝売上－仕入[57]
＝(①売上代金)－(②仕入代金＋⑥機械代金全額)
＝③利子＋④利潤(配当を含む)＋⑤賃金[58]

包括的所得概念と消費型所得概念との対立は，付加価値に関しても所得型付加価値と消費型付加価値として再現されます。消費税法による付加価値税は⑥機械代金についてexpensing方式なので消費型付加価値に課税していますが，⑥機械代金について減価償却費しか控除を認めない制度にしたら所得型付加価値に課税することになります。

現行法の付加価値税は消費者が負担するから消費課税であるという説明は，間違いとは言い切れませんが[59]，所得課税との本質的な違いはexpensing方式か減価償却費の控除かの違いです。

付加価値税は，いくつかの非中立性や線引きの課題を解消しています。

第一に，expensing方式の採用により利子部分の租税負担が消えます（**第1章3**）。消費と貯蓄の選択に中立的です。

第二に，利子非課税の別の方法であるyield exemption方式は，通常収益と

57 この計算方法を控除法と呼びます。

58 この計算方法を加算法と呼びます。

59 ただし，経済実質的には，付加価値税の負担は，全部が消費者の負担となるのではなく，一部は供給者側の負担となるはずです。浅妻・脚注55の187頁参照。

超過収益との線引きを政府がする必要がありますが（**本章4**），expensing方式ではこの線引きが不要であり，非課税部分が過大にも過少にもならないという利点があります。

第三に，法人所得税では利子は控除でき配当は控除できないというdebt/equity非中立性がありますが，付加価値税では利子も控除できず，debt/equityに関し中立的です。

第四に，法人所得税は原則として法人に課されるというentity選択非中立性がありましたが，付加価値税は法人か否かに関係なく事業者を課税対象者にすることでentity選択に関し中立的です。

第五に，法人所得税は原則として輸出国に課税権を配分しているためどこで生産するかの選択に対し非中立的であるという課題がありましたが，付加価値税は原則として輸入国に課税権を配分することで，どこで生産するかの選択に対し中立的であると伝統的に説明されてきました。ただしこの段落の説明は不正確であると今は考えられています（**第6章6**で詳述）。

なお，付加価値税がすべての非中立性や線引きの課題を解消してくれるわけではありません。付加価値税では，金融取引（③利子支払いや④配当支払い）が控除できず，実物取引（⑥機械購入代金支払い）は控除できるという違いがあり，金融取引と実物取引の線引きの問題を惹起します。

法人所得税でも金融取引と実物取引との線引きは問題になりえますが，⑥機械購入代金の支払いに代えて，Ｆが機械Ｂを購入するのではなく賃借する場合，⑥′として機械賃料を支払うことになるところ，法人所得税の文脈では③利子支払いも⑥′機械賃料支払いも控除できるので，金融取引と実物取引の線引きの深刻さが付加価値税よりは低いのです。

付加価値税の国家間課税権配分

1 所得税（個人所得税，法人所得税）と付加価値税の税率表記

付加価値税の10％[60]と所得税（個人所得税でも法人所得税でも）の10％は意味が違います。付加価値税の10％は，商品の譲渡代価×10％÷（1＋10％）を税として納めるという意味です。所得税の10％は，所得×10％を税として納めるという意味です。

付加価値税の10％は，所得税の約9.09％（≒10/110）に相当します。付加価値税の25％は，所得税の20％（＝25/125）に相当します。所得税の上限は100％ですが付加価値税は100％を超えても構いません。付加価値税の150％は所得税の60％（＝150/250）に相当します。

第5章6でM（農家）が米を作り，F（加工業者）がMから米を仕入れて餅を製造し，Fが餅をN（小売業者）に卸売りし，Nが消費者に餅を売る，という例を考えました。**第5章3**では，Fは第0年度に機械Bを購入して1,735を支払い，第1年度に税引前収益1,500を得ると想定していました。

ここでは第1年度のFの納税額について計算していきましょう。個人所得税や法人所得税はないものとし，付加価値税の有無だけに焦点を当てるとします。付加価値税率は10％であるとし，税抜価格が100であれば税込価格は110であることになります。また，Fは借入れをしておらず，第1年度の支払利子は0であると想定しておきます。

Mは米を作ります。実際の農業では肥料や工具や燃料等の仕入れを要しますが，ここでは，労働と大地の恵みだけで米を収穫したと仮定します。Mが米をFに税抜価格3,000，税込価格3,300で売ったとすると，Mは3,300×10/110＝300の付加価値税を国に納めます。

60　日本では国税としての消費税法による消費税が7.8%で地方税としての地方税法による地方消費税が2.2%ですが，本書では簡略化のため日本の付加価値税の税率は10%であるという前提で話を進めます。

図表6－1　付加価値（再掲）

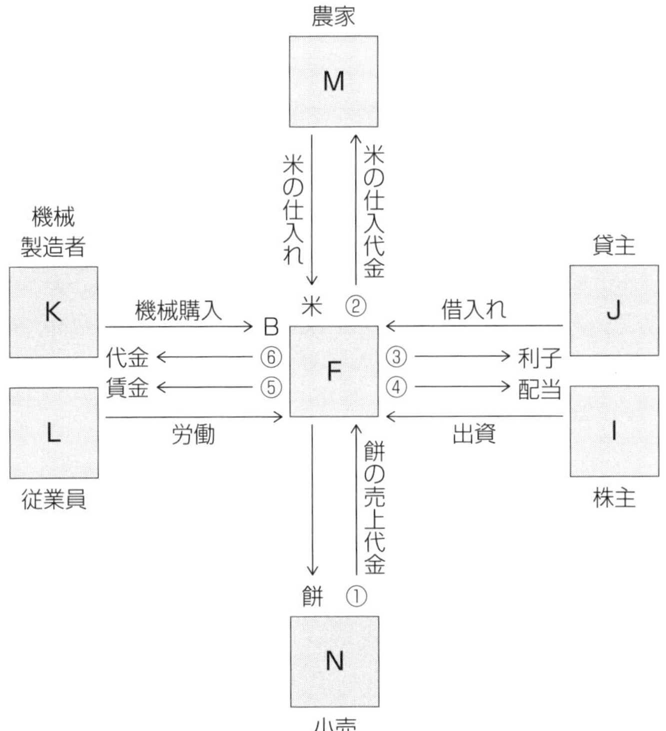
農家
M
米の仕入れ
米の仕入代金
機械
製造者
K
機械購入
B
米　②
借入れ
貸主
J
代金
⑥
F
③
利子
賃金
⑤
④
配当
L
労働
出資
I
従業員
株主
餅の売上代金
餅　①
N
小売

2 取引高税における二重課税と付加価値税における二重課税排除

Ｆは，Ｍから米を税込価格3,300，税抜価格3,000で仕入れ，Ｌの労働力と機械Ｂを用いて餅を製造し，小売業者Ｎに税抜価格7,000，税込価格7,700で売るとします。Ｆは，仮税額として7,700×10/110＝700の納税義務が発生する一方，ＦがＭに支払った3,300のうち300はＭが付加価値税として納税していますから，もしもＦが700の税を納めるとすると，税額300の部分（税抜価格で3,000）の部分について二重課税が生じてしまいます。

かつてこの二重課税を放置するタイプの税が欧州で課されていました。付加価値税ではなく**取引高税**（turnover tax）と呼ばれます。取引高税ですと，ＭとＦが別々の事業者である場合の合計の税負担1,000（＝300＋700）と比べ，ＭとＦが合併して米の生産と餅の生産を１つの事業者が営むという法形式を採用したほうが合計の税負担が700となり軽くなりますので，事業者が合併するか否かの選択に対し非中立的となってしまいます。

図表６－１のＭとＦの合併については，流通過程を縦方向に描写するイメージで，垂直的合併[61]と呼びます。取引高税には，事業者が垂直的に合併するか否かの選択について非中立的である，という欠点があります。

そこで，取引高税のような二重課税をなくし事業者が垂直的に合併するか否かに対して中立的な税制とするために，Ｆの700の仮税額から，仕入の3,300に関する300の額を，控除します。つまり，700－300＝400が，Ｆの最終的な納税額となります。この波線＿＿の部分を，**仕入税額控除**または前段階税額控除（input tax credit）と呼びます。

税込仕入代金3,300に関する仕入税額300を，税込売上代金7,700に関する売上税額700から，控除する，という意味です。7,700×10/110－3,300×10/110＝

61 車製造の日産とルノーの合併のように，同種の事業をしている会社の合併を水平的合併と呼びます。

700－300＝400という計算式で表すことができますが，税率が１つだけ（10％だけ）[62]であるならば，（7,700－3,300）×10/110＝4,400×10/110＝400という計算式で表すこともできます。これを前段階売上控除方式と呼びますが，計算式を見てわかるとおり，仕入税額控除とやっていることは同じです。

税抜価格で見ると，Ｆの売上は7,000，仕入は3,000，付加価値は4,000（＝7,000－3,000）です。労働者Ｌの賃金が2,500であるとすると，法人所得税の文脈では賃金は費用として控除され，4,000－2,500＝1,500が利益（賃金控除後，減価償却費控除前，利子配当支払い前）であるということになりますが，付加価値計算において賃金は控除されません。

1,500の事業利益のうちいくらかが配当として株主に分配されるかもしれませんが，配当も付加価値計算において控除されません。借入れ０を想定していますので利子支払いも０ですが，仮に利子支払いがあっても付加価値計算において控除されません。そして，Ｆの付加価値税額は400ですから，Ｆの付加価値4,000の10％に相当する，ということも見えてきます。

農家Ｍも付加価値3,000の10％に相当する300の付加価値税を納めています。

小売業者ＮがＦから餅を税込価格7,700で仕入れて税込価格8,800で消費者に販売したとすると，8,800×10/110＝800の売上税額から7,700×10/110＝700の仕入税額を控除して800－700＝100の付加価値税を納めることになります。やはり，税抜価格で見ると，Ｎの付加価値1,000（＝8,000－7,000）の10％に相当する付加価値税100を納めているということが見えてきます。

62　現実の日本の消費税法では新聞と食料品について８％という異なる税率を適用する複数税率制度が採用されています。そして，日本に限らず，世界中の租税専門家のほとんどは，複数税率制度は弱者救済のために能率的な方法ではないと評価しています。浅妻・脚注55の190～192頁参照。

図表６－２　付加価値税率10％の場合のＭ，Ｆ，Ｎの納税額

	税抜価格	付加価値	税込価格	納税額
農家Ｍ	3,000	3,000	3,300	300
加工Ｆ	7,000	4,000	7,700	700－300＝400
小売Ｎ	8,000	1,000	8,800	800－700＝100

3　付加価値税の国家間課税権配分：仕向地主義（destination principle）

農家Ｍと，餅製造者Ｆと，小売業者Ｎが，全員日本の付加価値税率10％で課税されるという前提で**本章2**の数値例を作りました。

次に，付加価値税率25％のＯ国を想定します。Ｏ国の農家Ｐが米を作って税抜価格3,000でＱに売り，Ｑが餅を製造して税抜価格7,000でＯ国の小売業者Ｒに売り，Ｒが餅を消費者に税抜価格8,000で売ると想定します。このとき税込価格では，Ｐが米を3,750でＱに売り，Ｑは餅を8,750でＲに売り，Ｒは餅を消費者に10,000で売ることとなります。Ｐの付加価値税は3,750×25/125＝750，Ｑの付加価値税は8,750×25/125－750＝1,750－750＝1,000，Ｒの付加価値税は10,000×25/125－1,750＝2,000－1,750＝250となります。

次に，国際取引について見ていきます。例えば，日本のＦが餅をＯ国の小売業者Ｒに売るという取引を想定します。

付加価値税については，輸入国が課税するという課税権配分がほとんどの国[63]で採用されています。これを**仕向地主義**（destination principle）と呼びます。そして輸出免税輸入課税という方式が採用されています。

Ｆが餅を輸出する際，付加価値税率が０％であった場合の価格，すなわち税抜価格7,000でＲに輸出します。しかし，Ｆは農家Ｍに対し税抜価格3,000ではなく税込価格3,300を支払っています。7,000－3,300＝3,700ですから，付加価値税率０％の場合のＦの付加価値4,000を確保できません。そこで，税込価格

3,300に関する仕入税額300を国から**還付**してもらいます。7,000－3,300＋300＝4,000となります。

(1)税抜価格で輸出することと，(2)仕入税額300を還付してもらうこと，2つを合わせて**輸出免税**と呼びます。輸出取引について売上に適用される付加価値税率が0％になるという意味で**零（ゼロ）税率**とも呼ばれます。計算式で表すと，7,000×0/100－3,300×10/110＝－300の付加価値税を納める，言い換えると300を還付してもらう，ということです。

小売業者Rは，税抜価格7,000で餅を輸入する際に，7,000×25％＝1,750を税関で納めます。輸入の税抜価格は7,000ですが税込価格が8,750になるのと同様の状態です。Rが消費者に餅を税込価格10,000で売ると，売上税額2,000（＝10,000×25/125）が生じますが，税関で納めた仕入れに関する税額1,750を控除する（すなわち仕入税額控除）ので，2,000－1,750＝250の付加価値税を納めます。このRが納める付加価値税は，Rが自国のQから税抜価格7,000，税込価格8,750で仕入れたときに納める付加価値税と同じです。結局，Rは，日本のFから餅を輸入するか，国内のQから餅を仕入れるか，という選択に対して，中立的になります。

逆に，O国のQが餅を日本の小売業者Nに売る場合，Qは税抜価格7,000でNに輸出します。Qは農家Pに対し税抜価格3,000ではなく税込価格3,750を支払っています。7,000－3,750＝3,250ですから，Qは付加価値4,000を確保できません。そこで，税込価格3,750に関する仕入税額750を国から還付してもらいます。7,000－3,750＋750＝4,000となります。Nは税関で7,000×10％＝700を納税し，Nが消費者に餅を税込価格8,800で売ると，8,800×10/110－700＝100の付加価値税を納めます。この場合も，Nは，O国のQから餅を輸入するか，国内

63　世界中を探せば例外もあるかもしれませんが著者の知る限りでは例外を知りません。些末なことを言えば，日本の地方税法は大企業に対して外形標準課税という課税をしており，その課税対象の項目の1つとして付加価値が採用されています。そして，この付加価値は，本書で原則的に想定している消費型付加価値ではなく所得型付加価値であり，また，輸出取引について本文で述べるような輸出免税方式は適用されないので輸出国の税制が適用されているということはできます。

しかし，この事実をもって，日本の付加価値税が輸入国ではなく輸出国に課税権を配分している，とは言いません。日本の付加価値税は消費税法による消費型付加価値に対する税であるからです。

のＦから餅を仕入れるか，という選択に関して中立的になります。

仕向地主義は，どこで商品を作るかに関し，税制上，有利不利を生み出さない（製造地選択に対し中立的）という利点があります。この利点のため，仕向地主義は，付加価値税を採用している世界中の国に採用されました（というのが20世紀における伝統的な説明でした。21世紀の学説については**本章6**で説明します)。

時折，付加価値税は消費課税だから消費地国である輸入国に課税権を配分する仕向地主義が妥当するのだ，という説明を見かけることもあります。間違った説明とは言い切れないのですが，ある税が所得課税であるか消費課税であるかと，その課税権がどの国に配分されるべきかは別の問題である，と私は考えています。付加価値税が仕向地主義を採用しているのは，製造地選択に対して中立的だから，という理由のほうが，よほど説得的です。

図表６-３　餅の輸出

図表６-４　餅の輸入

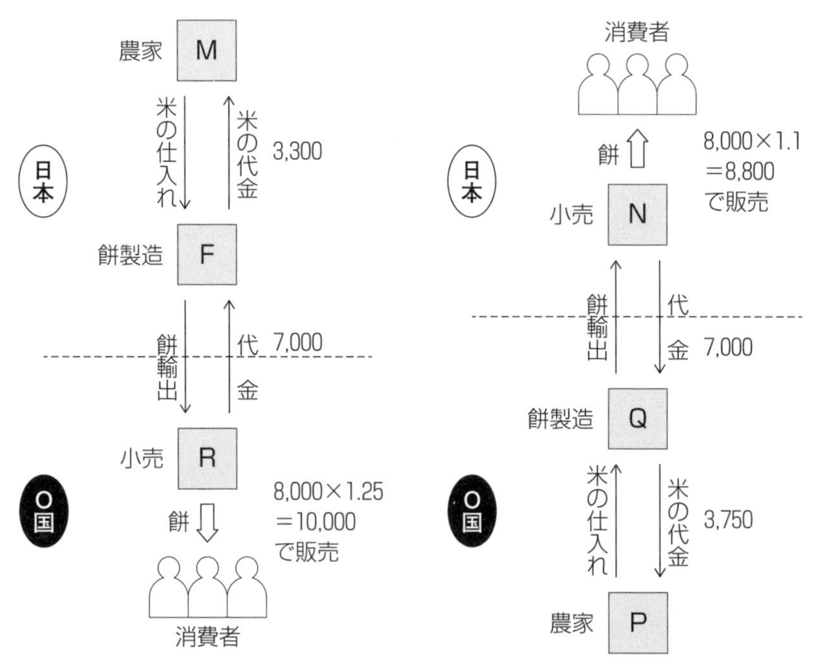

図表6－5　付加価値税率10%の国と25%の国との比較と輸出入取引：仕向地主義

日本10%	税抜価格	税込価格	税	O国25%	税込価格	税
農家M	3,000	3,300	300	農家P	3,750	750
加工F	7,000	7,700	400	加工Q	8,750	1,000
小売N	8,000	8,800	100	小売R	10,000	250
Fが輸出	7,000	7,000	−300	Qが輸出	7,000	−750
Nが輸入	7,000	7,700	700	Rが輸入	8,750	1,750
輸入後N販売	8,000	8,800	100	輸入後R販売	10,000	250

4　小規模事業者の輸出

日本の消費税法9条は，年間売上高1,000万円以下の事業者（小規模事業者と呼ぶこととします）の付加価値税納税義務を免除しています。9条により免除されている事業者を免税事業者と呼ぶことがあります。しかし輸出免税の免税とは全く意味が違います[64]。

仮に，日本の餅加工業者Fに相当するSが小規模事業者であり，Sが餅をO国のRに輸出するとします。Sが農家Mから税込価格3,300で米を仕入れ，餅をRに7,000で輸出する場合，9条による免税事業者は日本の付加価値税に関わらないので，日本に対する納税義務がない代わりに，仕入税額控除による300の還付を受けることができません。

Sが，無税の世界における付加価値4,000を確保したければ，餅をRに輸出する際の価格を7,000ではなく7,300にしなければなりません。そうすると，Rは7,300×25％＝1,825の税を税関で納めねばならず，RがSから餅を輸入する場合のコストは9,125（＝7,300×1.25）ですから，これはFから輸入するまたは国内のQから仕入れる場合のコスト8,750（＝7,000×1.25）と比べて375不利です。

64　9条に関しては免税事業者という表現が定着してしまっているので仕方ありません。

Sのような小規模事業者は，何もしなければ日本の付加価値税と関わらないですが，税務署長に課税事業者選択届書を提出することで免税事業者ではなく課税事業者になることを選択できます（消費税法9条3項，消費税法施行規則11条1項）。Sの年間売上高が1,000万円以下でも課税事業者になることで，Sが餅をRに7,000で輸出する際に，Mからの仕入額3,300に関する仕入税額300の還付を受けることができるようになります。

時折，輸出免税は輸出産業に関わる大企業を優遇しているという批判を巷間で見かけますが，輸出免税は規模に関係なく適用されえます。繰り返しですが輸出免税は製造地選択中立性のための制度です。

5 原産地主義（origin principle）が製造地選択を攪乱するという旧説明

ところで，輸入国が課税するという課税権配分ではなく，輸出国が課税するという課税権配分（**原産地主義**（origin principle）と呼びます）であったならば，どうなるでしょうか。

私が学生の時は，原産地主義は製造地選択を攪乱する（非中立的である），と教わりました。しかし，近年の学界では，原産地主義は製造地選択を攪乱しない（中立的である），という説が有力です。

まず，かつて信じられていた原産地主義が製造地選択を攪乱するという説明を見ておきます。Fが輸出する際に輸出免税が適用されないとすると，Fは税込価格7,700（＝7,000×1.1）で餅をO国の小売業者Rに輸出することになります。原産地主義ならば，Rは輸入する際に税関で納税する必要はありません。

Rが餅を輸入した後に消費者に売る際，輸入時の支払いについても仕入税額控除を適用できるとすると[65]，Rは消費者に餅を税込価格8,950で売れば，

---

65 仕向地主義ではなく原産地主義が採用されているとすると，Rが輸入した際に税関で納税していなくとも，輸入時にRがFに支払った額について仕入税額控除を適用しなければ，原産地主義の趣旨に適いません。

8,950×25/125−7,700×25/125＝250を納税し，8,950−7,700−250＝1,000が付加価値として手元に残ります。

Rが O国の加工業者Qから餅を仕入れた場合と比べて同じ額を手元に残しつつ安価で消費者に提供できます。Rが消費者に安価に提供する必要がないと考えれば，QがFから輸入した餅についてもQから仕入れた餅と同様に税込価格10,000で消費者に販売すると，10,000×25/125−7,700×25/125＝460を納税し，10,000−7,700−460＝1,840が手元に残ります。Rからすれば，国内のQから餅を仕入れるより外国（日本）のFから餅を輸入したほうが有利になります。

Qが餅をNに輸出する際，原産地主義が採用されているとすると，輸出免税は適用されず，Qは税込価格8,750（＝7,000×1.25）で餅をNに売ることになります。Nは8,750で餅を輸入し，消費者に税込価格9,850で売れば，9,850×10/110−8,750×10/110＝100の税を納め，9,850−8,750−100＝1,000の付加価値が手元に残ります。しかし，他の餅との競争に鑑みてNがQから輸入した餅も税込価格8,800で販売するとしたら，8,800×10/110−8,750×10/110≒5の税を納め，8,800−8,750−5＝45しか手元に残りませんので，日本のFから餅を仕入れた場合よりも不利になります。

図表6-6　付加価値税率10%の国と25%の国との輸出入取引：原産地主義の旧説明

日本10%	税抜価格	税込価格	税	O国25%	税込価格	税
農家M	3,000	3,300	300	農家P	3,750	750
加工F	7,000	7,700	400	加工Q	8,750	1,000
小売N	8,000	8,800	100	小売R	10,000	250
Fが輸出	7,000	7,700	400	Qが輸出	8,750	1,000
Nが輸入	7,000	8,750	0	Rが輸入	7,700	0
輸入後N販売	—	9,850	100	輸入後R販売	8,950	250

以上のように，仮に原産地主義が採用されていたら，低税率国で商品を製造することが有利であり，製造地選択（例えばどの国に工場を設立するか）を撹乱し税率の低い国における工場設立等の投資が過大となって税率の高い国にお

ける工場設立等の投資が過少となる，と伝統的に考えられてきました。

6 原産地主義が製造地選択を撹乱しないという説明

しかし，近年，本章5の説明は学界では信じられていません。為替の概念を持ち込むと理解が容易になりますが，日本とO国の通貨が同じであっても（為替の概念を持ち込まなくても）原産地主義は製造地選択を撹乱しないと考えられています。まず，為替による説明を見ていきます[66]。

日本の通貨が¥，O国の通貨が#であるとします。日本もO国も付加価値税がなかった時，¥100＝＃1という為替の関係が成立していたとします。O国では，農家Pが米を作って#30でQに売り，Qが餅を作って#70でRに売り，Rが消費者に餅を#80で売っていたとします。

次に，日本だけが付加価値税10％を導入したが，O国は付加価値税を導入しないままであった，と想定します。

付加価値税の導入の有無だけが違い，他の条件は変わらないとすると，為替は¥100＝＃1から¥110＝＃1に変わる（円安になる）でしょう。日本では，農家Mが米を作って税込価格3,300でFに売り，Fが餅を作って税込価格7,700でNに売り，Nが消費者に餅を税込価格8,800で売る……という流れを#に換算すると，M－F間の税込価格は¥3,300＝#30，F－N間の税込価格は¥7,700＝#70，Nの税込販売価格は¥8,800＝#80です。O国（付加価値税率0％の場合）における価格と変わりありません。

FがFが餅をO国のRに輸出する際に原産地主義が適用され，Fが餅を税込価格¥7,700で輸出するとしても，Rから見れば#70で餅を輸入するわけですから，Rが日本のFから餅を輸入するか，O国のQから餅を仕入れるか，という選択は税制によって撹乱されません。

---

66 本章6の説明は，Michael P. Devereux, Alan J. Auerbach, Michael Keen, Paul Oosterhuis, Wolfgang Schoen, & John Vella, Taxing Profit in a Global Economy（Oxford University Press, Oxford, 2021）の274～276頁に依拠しています。

もしも日本が付加価値税10%を，O国が付加価値税25%を導入したら，為替は¥110＝#1.25（または¥88＝#1）に調整されるでしょうから，日本のFの餅の税込価格¥7,700とO国のQの餅の税込価格#87.5は，原産地主義が適用されていても，日本の小売業者NまたはO国の小売業者Rから見て，有利不利がありません。

図表6－7　付加価値税率10%の国と25%の国との輸出入取引：原産地主義（¥88＝#1）

日本10%	税込価格	税	O国25%	税込価格	税
農家M	¥3,300	¥300	農家P	#37.5	#7.5
加工F	¥7,700	¥400	加工Q	#87.5	#10
小売N	¥8,800	¥100	小売R	#100	#2.5
Fが輸出	¥7,700＝#87.5	¥400	Qが輸出	#87.5＝¥7,700	#10
Nが輸入	¥7,700＝#87.5	¥0	Rが輸入	#87.5＝¥7,700	#0
輸入後N販売	¥8,800＝#100	¥100	輸入後R販売	#100＝¥8,800	#2.5

為替調整がない場合，例えば日本もO国も¥を用いている場合，前段落のように速やかに日本とO国の物価が調整されるわけではないと予測されます。

とりわけ，賃金の硬直性を視野に入れると，物価も速やかには調整されないと予測されます。日本もO国も付加価値税を導入していなかった状態から，日本だけが付加価値税10%を導入しO国が付加価値税を導入しない状態に変わった場合，しばらくの間，日本の税込価格が同種の取引のO国の価格より高い，という物価水準になると予測されます。また，しばらくの間，O国における製造が日本における製造より有利となり，O国の輸出を増やし輸入を減らす（原産地主義は製造地選択を撹乱しない，という説明は短期的には成立しない）と予測されます。

しかし，O国における製造の有利さは長期的なものではないと予測されています。O国での製造が有利であると，O国で製造活動を増やすためにO国に資本が多く投資され，O国の賃金水準が（短期的には硬直的であっても長期的には）高くなり，結局Ｏ国の物価水準は上昇していき，日本の税込価格が同種の取引のＯ国の価格と同等になっていく，と予測されます。

結局，日本の付加価値税率10％，Ｏ国の付加価値税率０％の状態でも，どちらで製造するかについて，有利不利がない状態まで長期的には調整される（繰り返しですが短期的にはＯ国製造が有利）と予測されます。

次に，日本の付加価値税率10％，Ｏ国の付加価値税率25％となった場合は，（短期的には日本における製造が有利でも）次第に日本の物価水準が上昇していき，日本の税込価格が同種の取引のＯ国の税込価格と同等になっていく，と予測されています。

7 理論と実際の乖離？

原産地主義は製造地選択を撹乱するという説が今の学界で支持されていないならば，机上のみならず現実世界でも，付加価値税について原産地主義を採用する国が現れても不思議ではないかもしれません。

しかし，著者の知る限り，現実世界で付加価値税について原産地主義を採用している国はありません。具体的に仕向地主義の輸出免税輸入課税という課税方式を適用しようにも，うまく適用できなくて，結果的に原産地主義になってしまうという例はありますが，そうしたくて原産地主義にしているというよりは，仕方なく原産地主義の結果になってしまうこともある，というだけです。

本章6では，原産地主義でも長期的には物価水準が調整されて製造地選択は撹乱されない，と説明しましたが，短期的には撹乱される可能性が残っているので，多くの国はこの短期的な効果を恐れて仕向地主義から原産地主義に変更できないでいるのかもしれません。

所得課税と国家間資源配分

1　2つの課税管轄：源泉（source）と居住（residence）

本章では，国際二重課税の救済について6まで理論的な説明をしますが，7で卓袱台（ちゃぶだい）返しをします。

消費課税・付加価値税の文脈から，再び所得課税の文脈に戻ります。包括的所得概念を前提とし，利子も課税対象に含めることを本章では前提とします。本章では簡単化のため会社・株主の二重課税問題を扱いません。

R国とS国の2国モデルを想定し，R国法人X社がS国法人であるY社に投資することを想定します。また，X社はR国法人であるW社に投資することも視野に入れているとし，Y社はS国法人Z社から投資を受けることも視野に入れているとします。

R国のRは居住地国（Residence country）のR，S国のSは源泉地国（Source country）のSです。R国所得税率はTax rate in R countryのつもりで$t_r = 40\%$と表記し，S国所得税率を$t_s = 30\%$と表記することとします。S国投資の税引前収益率をReturn in S countryのつもりでr_s，R国投資の税引前収益率をr_rと表記することとします。まず，$r_s = 10\%$と想定します。

図表7-1　国際投資と国内投資

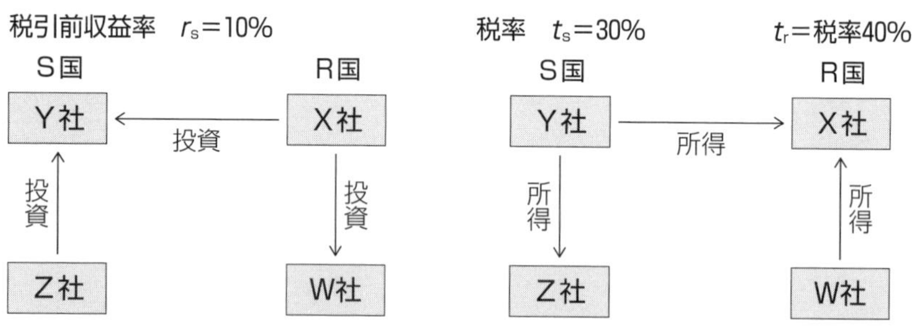

R国法人X社がS国法人Y社に投資してS国で税引前所得が生じた場合，S

国は国内で発生した所得に対してその所得の稼得者が自国**居住者**（resident）か否か（**非居住者**（non-resident）[67]）を問わず課税権を行使します。これを**源泉課税管轄**（source tax jurisdiction）[68]と呼びます。他方，R国は，自国居住者の所得に対しどの国で発生したかを問わず課税権を行使します。これを**居住課税管轄**（residence tax jurisdiction）と呼びます。

2 国際二重課税の完全放置

第一次世界大戦で各国の財政が疲弊し増税したので，国際取引について複数の国の課税権が衝突する問題が深刻化しました。1920年代以降，**国際連盟**（League of Nations）を中心に，国際取引に対する租税法の適用が真剣に議論されるようになりました。1920年代以降今に至るまで，国際租税法の議論においては，源泉課税管轄，居住課税管轄という２つの課税管轄が前提とされてきました。

R国法人X社がS国法人Y社に税引後所得1,000を投資（$I=1{,}000$）して税引前所得100（$=1{,}000\times r_s(10\%)$）が生じた場合，S国は源泉課税管轄を行使します。税30（$=100\times30\%$）がS国で徴収されます。R国はX社の税引前所得100に対して居住課税管轄を行使します。税40（$=100\times40\%$）がR国で徴収されます。X社がY社に投資して生じた所得に対し，S国の課税とR国の課税，二重課税が生じます。国際二重課税（international double taxation）（**第14章5**参照）が完全に放置されると，X社の税引前所得100は，税引後で30（$=100-30-40=I\cdot r_s(1-t_s-t_r)$）になります。

---

67 日本の法律は，個人について居住者・非居住者（所得税法２条１項３号と５号）という語を用い，法人について内国法人・外国法人（法人税法２条３号と４号）という語を用いています。
　しかし，世界的に議論する際，個人・法人を区別せずresident，non-residentという語を用いることが多く，日本語で議論する際も，個人・法人を区別せず居住者，非居住者という語を用いることが多いです。本書では，個人についてであることを強く意識する際に個人居住者，個人非居住者という語を用い，個人・法人を区別しない時は居住者，非居住者という語を用います。

68 jurisdiction（ジュリスディクション）とは，法が通用する範囲のことです。辞書を見ると「管轄」「法域」等の訳語があります。「管轄」は「管轄権」と表記されることもあります。

3 国家中立性（NN）と外国税額所得控除方式（deduction）

R国とS国が租税条約を締結していないと想定し，R国政府が自国の厚生（welfareの訳。利害，幸福でもよいです）だけを考慮すると想定します。

X社は税引後所得を最大化する選択肢を採用します。X社の狙いを視野に入れながら，R国政府は税制を作ります。その際，R国が自国の厚生だけを考慮する，とは，自国の税収を増やすという意味ではありません。R国の税額とX社の税引後所得の合計額（**国民所得**（National Income））の最大化を目指します。

本章2で国際二重課税の完全放置の例を見ました。X社の税引前所得100のうち，S国の税額が30，R国の税額が40，X社の税引後所得が30なので，R国の国民所得は40＋30＝70です。

R国のX社がS国のY社に投資した場合のR国の国民所得は，投資額×S国税引前収益率×（1－S国税率）$=I \cdot r_s(1-t_s)$，と表記できます。

他方，R国のX社がR国のW社に投資した場合，S国は源泉課税管轄も居住課税管轄も有しませんので，投資額×R国税引前収益率（$=I \cdot r_r$）がそのままR国の国民所得となります。

R国が国民所得の最大化を目指すということは，X社が$r_s(1-t_s)$とr_rとを比較して大きいほうへの投資を選びたくなる税制を作る，ということです。

$r_s=10\%$，$t_s=30\%$なら，$r_s(1-t_s)=7\%$です。$r_r>7\%$なら，X社がY社よりW社に投資することを選びたくなり，$r_r<7\%$なら，X社がW社よりY社に投資することを選びたくなる税制を作る，ということです。

$r_r=6\%$の場合を考えてみましょう。国際二重課税が完全に放置されていると，X社がS国Y社へ投資した時の税引後所得は30（＝100－30－40）であるのに対し，X社のR国W社への投資の税引後所得は36（＝1,000×6％－1,000×6

%×40%）となります。X社は税引後所得を最大化する投資を選びますから，X社はW社への投資を選びます。

一方で，R国の国民所得で考えると，X社がY社へ投資した際の国民所得が70（＝40＋30）であるのに対し，X社がW社へ投資した際の国民所得は60（＝24＋36）です。X社の税引後所得の最大化は，R国の国民所得最大化という目標を達成できません（r_r＝6％＜7％だから，R国の国民所得最大化のためには，X社がW社よりY社に投資することを選びたくなる税制にしないといけない）。

そこで，X社の税引後所得の最大化がR国の国民所得の最大化ももたらすようにするために，R国のX社への課税に際し，X社がS国で徴収された税額を，X社のR国における課税対象所得から控除するという制度（**外国税額所得控除方式**（deduction method）[69]）を採用します。

X社のY社への投資に関し，税引前所得100が生じ，S国で税額30が徴収され，R国がX社に課税する際に100から30を控除した70にR国の税率を適用し，R国はX社から28（＝(100－30)×40%）の税を徴収します。すると，X社の税引後所得は100－30－((100－30)×40％)＝(100－30)(1－40％)＝$I \cdot r_s(1-t_s)(1-t_r)$＝42となります。この42は，$r_r$＝6％の想定におけるX社のW社への投資から生じる税引後所得36（＝60×(1－40％)＝$I \cdot r_r(1-t_r)$）より大きいため，X社はY社への投資を選びます。

r_r＝8％の場合，X社のW社への投資から生じる税引後所得が48（＝1,000×8％×(1－40%)）です（R国の国民所得は80）。X社はW社への投資を選び，R国の国民所得を最大化するという目標も達成できます。

R国が国民所得を最大化するという目標を持つ場合，この目標に適した税制は外国税額所得控除方式です。国民所得最大化を目指すということは，$r_s(1-t_s)$とr_rとを比較して大きいほうへの投資をX社が選ぶことを妨げない（**国家中立性**（National Neutrality。略してNN）と呼びます）税制を作るということです。外国税額所得控除方式なら，X社は$r_s(1-t_s)(1-t_r)$と$r_r(1-t_r)$

69　法人所得税の文脈でdeductionは損金算入と訳されますので，deduction methodが外国税額損金算入方式と表記されていることもあります。

とを比較しますから，$r_s(1-t_s)$ とr_rとの比較と同じ比較になります。

外国税額所得控除方式は，国際二重課税の完全な救済ではありませんが，部分的な救済であるとはいえます。国際二重課税に限らず世の中にはいくつかの二重課税（会社・株主の二重課税，所得税・相続税の二重課税）がありますが，二重課税が，前節の（$1-t-t$）のような型なのか，本節の $(1-t)(1-t)$ の型なのか，区別したほうがよいです（**第2章4**の $(1-t_c)(1-t_p)$ を思い出してください）。

外国税額所得控除方式は国際二重課税の部分的救済であるにとどまります。R国単独ではなくR国とS国の合計の厚生に関しては，２つの観点から中立性に関する問題が生じます。**次の4と5**で見ていきます。

4 資本輸出中立性（CEN）と外国税額控除方式 (credit)

１つ目の中立性はX社目線です。$r_s=10\%$，$r_r=8\%$の場合，R国が外国税額所得控除方式を採用していると，X社がW社に投資することを選び，R国単独の国民所得最大化の目標に合致します。しかし，R国とS国の合計の厚生に関し，$r_s>r_r$なのですから，X社がW社ではなくY社に投資したほうが二国合計の所得は増えるはずです。

二国合計の所得の最大化という目標に関し，X社目線で国内投資と国外投資との選択を税制が撹乱しないようにすることを**資本輸出中立性**（Capital Export Neutrality。略してCEN）と呼びます。

$r_s=10\%$，$r_r=8\%$のような想定と異なり，普通，投資を増やすと，追加的な[70]投資からの収益が徐々に減るという**収益逓減の法則**（diminishing returns）が作用します。

例えば，音楽CDを買い足していって，10枚楽しむ状態より，1,000枚楽しむ

70　marginalは【限界的】と訳されることが多いですが，最初は【追加的】と理解したほうがわかりやすいです。

状態のほうが幸せであることが多いですが，9枚目から1枚買い足した時の満足度の増え方より，999枚目から1枚買い足した時の満足度の増え方のほうが小さいものです。

ここで，R国居住者のみが資本（**図表7-2**のABの幅）を有するとし，R国投資とS国投資の最適な配分を考えてみます。右下がりの上の実線（**━━**）はR国投資税引前収益率（r_r）を示します。Aに近い資本がR国に適しており，R国投資を増やせば増やすほど，R国源泉所得は増えるものの追加的な投資からの収益率は減っていきます。左下がりの上の一点破線（－･－･）はS国投資税引前収益率（r_s）を示し，Bに近い資本がS国に適しています。

無税の世界を想定すると，C点（$r_s = r_r$）で**均衡**（equilibrium）します。C点の真下のD点につき，A－D間の資本がR国に投資され，D－B間の資本がS国に投資されるのが**最適**（optimal）な資本配分です。

次に，R国とS国の税がある世界を想定し，R国が国家中立性の観点から外国税額所得控除方式を採用していると想定します。R国投資の税引後収益率は，右下がりの上の実線（**━━**）（r_r）から右下がりの下の点線（----）（$r_r(1-t_r)$）へと下がります。

S国投資の税引後収益率は，左下がりの上の一点破線（－･－･）（r_s）から左下がりの一番下の二点破線（－･･－）（$r_s(1-t_s)(1-t_r)$）へと大幅に下がります。外国税額控除方式を想定すると，均衡点はC点（**━━**と－･－･との交点）からE点（----と－･･－との交点）に移動し，E点に対応するAB間の点をFとすると，D－F間の資本がS国投資からR国投資へと振り替えられます。D－F間の資本は，税引前ではR国投資（**━━**）（r_r）よりS国投資（－･－･）（r_s）のほうが収益率が高いのですが，投資者の税引後収益で比較すると，R国投資（----）（$r_r(1-t_r)$）のほうがS国投資（－･･－）（$r_s(1-t_s)(1-t_r)$）より高くなるからです。

E点の真上のR国投資税引前収益率（**━━**）（r_r）の点をG点とし，E点の

図表７-２　収益逓減の法則と最適資本配分

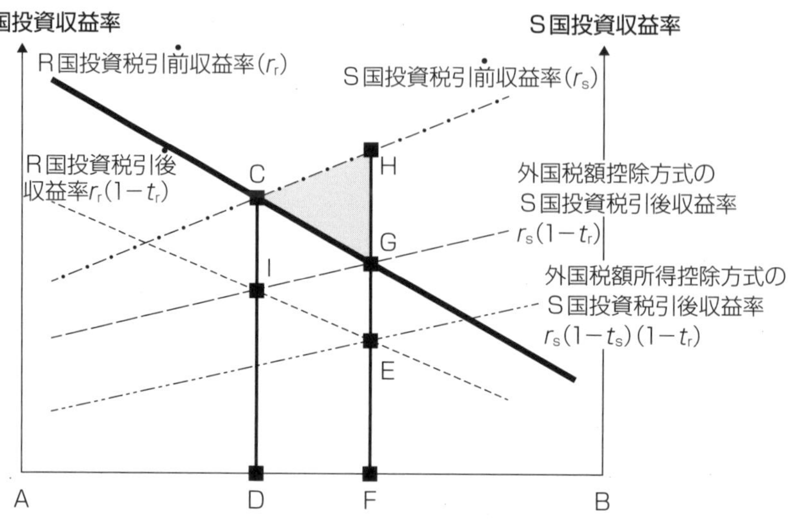

真上のＳ国投資税引前収益率（―･―･）（r_s）の点をH点とおきます。Ｒ国投資に関し，Ｅ－Ｆより左側でＲ国投資税引後収益率（----）（$r_r(1-t_r)$）の下の領域を，投資家は税引後の収益として稼得します。Ｒ国投資に関し，Ｇ－Ｅより左側で，Ｒ国投資税引後収益率（----）（$r_r(1-t_r)$）より上でＲ国投資税引前収益率（▬▬）（r_r）より下の領域は，Ｒ国の税収となり，税は国民のために使われるので，世の中から消えてなくなるわけではありません。

Ｓ国投資に関し，Ｅ－Ｆより右側で，Ｓ国投資税引後収益（―･･―）（$r_s(1-t_s)(1-t_r)$）の下の領域を，投資家は税引後の収益として稼得します。Ｓ国投資に関し，Ｈ－Ｅより右側で，Ｓ国投資税引後収益（―･･―）（$r_s(1-t_s)(1-t_r)$）より上でＳ国投資税引前収益（―･―･）（r_s）より下の領域は，Ｒ国またはＳ国の税収となります。

無税の世界の資本配分（Ａ－Ｄ間がＲ国投資，Ｄ－Ｂ間がＳ国投資）と比較して，外国税額所得控除方式が採用された場合の資本配分（Ａ－Ｆ間がＲ国投資，Ｆ－Ｂ間がＳ国投資）ですと，△CGHで示される領域が世の中から消えてなくなります。△CGHの領域を**死荷重**（deadweight loss）（死重損失とも訳されます）と呼びます。

本書でようやく**効率性**（efficiency）や中立性の意味についてここで図示することができました。非効率的とは死荷重が大きいということであり，効率的とは死荷重が小さいということです。

公平と効率性との違いは，公平が分配的正義を勘案するのに対し，効率性は分配を考慮せず**パイの大きさ**（**富の最大化**（wealth maximization）[71]と同義ではありません。標準的には，パイとは，人々の**効用**（utility）[72]，言い換えると満足感を意味します。もっとも，本章ではパイの最大化を富の最大化と同視しても不都合はありません）に着目する，という点にあります。国際二重課税は，R国投資とS国投資のX社目線の投資配分を非中立的に扱い，死荷重を生み出します。

もしX社がR国投資もS国投資も同じ課税に服すならば，つまり，資本輸出中立性が保たれるならば，死荷重は生まれません。S国投資についても，X社のS国投資税引後収益率が，左下がりの真ん中の長破線（——）（$r_s(1-t_r)$）となるということです。もしそのような税制が採用されるならば，均衡点はC点の真下のI点（----と——との交点。$r_r(1-t_r)$と$r_s(1-t_r)$との交点）ですから，無税の世界におけるR国投資とS国投資の配分が，税制によって歪められません。

X社がS国に投資した場合の税引後収益率を$r_s(1-t_r)$にする国際二重課税救済方法が，S国税額をR国税額から控除する**外国税額控除方式**（credit method）です。

例えば，X社が税引後所得1,000をS国に投資し，S国で税引前収益100が生じたと想定してみます。S国で30の税が徴収されます。次に，R国はX社の税額を仮に40（＝100×40％）と計算しますが，このR国仮税額からS国税額30を

71　Lucian Bebchuk, The Pursuit of a Bigger Pie：Can Everyone Expect a Bigger Slice?, 8 Hofstra Law Review 671-709（1980）.

72　そもそも，効用とは何ぞや，については意見が一致していません。本書は快楽説（安藤馨『統治と功利　功利主義リベラリズムの擁護』（勁草書房，2007）参照）を前提としていますが，本書の議論とはあまり関係ありません。

控除して，最終的にＲ国はＸ社から10(＝40－30）の税を徴収します。deductionもcreditも，辞書に「控除」の訳語が載っていますが，本章3のdeductionは 所得から控除 するという意味であるのに対し，本節のcreditは 税額から控除 するという意味です。credit methodは外国税額税額控除方式と訳すべきですが，慣例的に外国税額控除方式と表記されます。

外国税額控除方式を式で表すと$r_s\{1-t_s-(t_r-t_s)\}$になります。縮めると$r_s(1-t_r)$ですね（$t_r \geqq t_s$の場合）。$t_r < t_s$なら，例えば$t_s=45\%$なら，(t_r-t_s)のマイナスは，Ｒ国が差をＸ社に還付するという意味になります。そこまで太っ腹な外国税額控除方式を認める国は現在はありませんので，$r_s(1-t_s)$となります。

5　資本輸入中立性（CIN）と国外所得免税方式（exemption）

２つ目の中立性はＹ社目線です。Ｓ国のＹ社がＳ国法人Ｚ社から1,000の投資を受けていたならば，$r_s=10\%$の場合，Ｚ社は税引前所得100を得ます。Ｒ国は源泉課税管轄も居住課税管轄も有しません。Ｓ国だけが課税します。税額は30であり，Ｚ社の税引後所得は70(＝100×(１－30％))です。

Ｘ社がＹ社に投資して得る所得について，国際二重課税が完全に放置されている場合の税引後所得（100－30－40＝30）または外国税額所得控除制度により二重課税救済が部分的であるにとどまる場合の税引後所得（100－30－28＝42）と比べると，国際投資（Ｘ社→Ｙ社の投資）が国内投資（Ｚ社→Ｙ社の投資）より不利である，という非中立性が生じます。この観点の中立性を**資本輸入中立性**（Capital Import Neutrality。略してCIN）と呼びます。

資本輸入中立性を阻害しない税制は，Ｒ国がＸ社の全世界所得（worldwide income）に対し課税権を有するけれども，Ｘ社の国外源泉所得への課税を免除するというものです。これを**国外所得免税方式**（exemption method）と呼びます。Ｘ社がＹ社に投資して生じる税引前所得100に対し，Ｓ国だけが課税しＲ国は課税を控えるのでＸ社の税引後所得は70（＝100－30－０＝$I \cdot r_s(1-t_s-0)$）となり，Ｘ社→Ｙ社の投資とＺ社→Ｙ社の投資が中立的に扱われます。

6 国内法と租税条約

本章3で，Ｒ国がＲ国だけの厚生を考慮するならば，国家中立性の観点から外国税額所得控除方式という国際二重課税の部分的救済がＲ国にとって最適であると述べました。外国税額所得控除方式では，Ｒ国とＳ国の合計の厚生を考慮する観点から，死荷重が生まれ，非効率的です。

そこで，Ｒ国とＳ国が条約を締結し，お互いに国際二重課税救済を所得稼得者の居住地国（図表7-1ではＲ国ですが，当然，現実世界では，Ｓ国居住者がＲ国に投資することもあります）に義務付けます。

ところで，国際二重課税を問題視する中立性の観点は２つありました。

伝統的に，アメリカや日本は資本輸出中立性を重視し外国税額控除方式を採用してきました。欧州の国は資本輸入中立性を重視し国外所得免税方式を採用する傾向があります。

7 理論と実際の乖離？

本章冒頭で予告した卓袱台返しです。

国内法だけで国際二重課税の問題を扱うと資本輸出国（Ｒ国）の厚生の観点からは外国税額所得控除方式が採用されて救済が部分的であるにとどまり，国際二重課税救済には条約が必要，と理論的に説明しました。

実際は，アメリカも日本も欧州各国も，租税条約においてだけでなく国内法においても，外国税額控除方式または国外所得免税方式による国際二重課税救済をしています。なぜ，理論による予想[73]と，歴史とが異なるのか，謎です。正直言って，私にもわかりません。

資本輸出中立性は，資本の総量（**図表7－2**のＡＢの長さ）が一定であるという仮定の下で資本配分の中立性に着目しています。他方，資本輸入中立性についてのイメージ図は描きにくいですが，資本輸入中立性は，Ｓ国で事業をすることを前提に，どこから投資してもらうかの中立性に着目しています。投資するためには誰かが現在の消費を諦めて投資に充てることが必要です。資本輸入中立性は，資本の供給量が一定ではなく可変であることを前提に，Ｒ国またはＳ国の資本供給量（言い換えると消費と投資との選択）の中立性に着目しています。

資本輸出中立性と資本輸入中立性のどちらが正しいかという論じ方はしませんが，資本をどちらの国に投資するかの選択に税制が与える影響のほうが，資本供給量（消費と投資との選択）に税制が与える影響よりも，大きいであろうという予想から，資本輸入中立性より資本輸出中立性を重視する見解が20世紀後半において経済学者の間で優勢でした。

しかし，この点についても理論と実際は異なりました。日本は，日本法人が外国子会社から配当を受ける場合（**図表7－1**のＲ国が日本であり，Ｙ社がＸ社の子会社である場合），外国税額控除方式[74]で外国の税率と日本の税率との差（日本の税率のほうが高い場合）の課税をしていたのですが，2009年に法改正し，概ね非課税とする国外所得免税方式に移行しました[75]。

アメリカも2017年に法改正して国外所得免税方式に移行しました。今，世界的には外国税額控除方式より国外所得免税方式のほうが優勢です。なぜ理論の予想が外れたのか，これも謎です。**図表7－2**の資本輸出中立性は，わかりやすいですが，わかりやすすぎる一方で実際の投資を描写できてないところがあ

73　アメリカも（2017年以前に）国内法で外国税額控除方式を採用してきたのですが，アメリカの利害に照らすと外国税額所得控除方式を採用すべきである，という学者の意見はあります。Daniel N. Shaviro, Why Worldwide Welfare as a Normative Standard in U.S. Tax Policy?, 60 Tax Law Review 155～178(2007); Daniel N. Shaviro, Fixing U.S. International Taxation(Oxford University Press, 2014) 参照。

74　Ｙ社が稼得した所得についてＳ国で納めた税は法的にはＸ社が納めた税ではないので，通常の外国税額控除方式と区別して，間接外国税額控除方式と呼びます。

75　日本法人が外国に子会社ではなく支店を有する場合は，外国税額控除方式が適用されます。

るのかもしれません。

NN，CEN，CIN以外にも，CON（Capital Ownership Neutrality。資本所有中立性[76]）など，いくつか中立性の観点が提唱されたのですが，近年は，頭文字の戦い（battle of acronym）にかかずらっても仕方ないとして揶揄する空気すらあります[77]。

第7章 所得課税と国家間資源配分

76 浅妻章如「CON（capital ownership neutrality：資本所有中立性）の応用――事業承継における信託等の活用に向けて――」立教法学86号（129）216～（149）196頁（2012）参照。

77 David A. Weisbach, The Use of Neutralities in International Tax Policy（2014）（mimeo, https://ssrn.com/abstract=2482624）参照。

第8章

源泉課税管轄の制限①：投資所得の税率制限

租税条約の役目は，居住課税管轄を制約して国際二重課税を救済することだけではありません。源泉課税管轄にも制約を課します。源泉課税管轄の制約は主に２種類あります。１つ目は，投資所得の税率制限であり，本章で詳述します。２つ目は，PEなければ事業利得課税なしルールであり，**第９章**で詳述します。

1　租税条約の位置付け

2017年以前のほとんどの租税条約は二国間（bilateral）で締結されてきました（2017年以後，多国間の取組みもあります。**第15章2**参照）。多国間（multilateral）の租税条約は南米と北欧にありましたが例外的でした。通商関係ではGATT（General Agreement on Tariffs and Trade。関税及び貿易に関する一般協定），WTO（World Trade Organization。世界貿易機関）が多国間協定である[78]ことと対照的でした。

二国間租税条約にはモデルがあります。1920年代に国際連盟で国際二重課税救済についての議論が活発化したと**第７章2**で前述しました。20世紀後半以降，OECD（Organisation for Economic Co-operation and Development。経済協力開発機構）が国際租税法に関するforum（フォーラム。議論の場）となりました。

二国間租税条約は**OECDモデル租税条約**（OECD Model Tax Convention on Income and on Capital）を出発点とし，二国間で交渉して修正して作られます。国際租税法を勉強する際は世界中の人がまずOECDモデル租税条約を勉強します。具体的な事例で裁判所が従うべき規範（**法源**（ほうげん）といいます）は二国間租税条約（例えば日独間であれば日独租税条約）と国内法令であり，OECDモデル租税条約は法源ではなく名前のとおりモデルであるにとどまります。しかし，二国間租税条約の解釈適用に際しOECDモデル租税条約は頻繁に参照されます。

78　通商協定にも二国間のFTA（Free Trade Agreement。自由貿易協定）があります。

また，OECDモデル租税条約の条文をどのように解釈適用すべきかについて各国の財政当局者が集まるOECD租税委員会（OECD fiscal committee）が公式注釈書たる**コメンタリー**[79]を作成しています。コメンタリーも実際の裁判で参照されます（**第14章5**参照）。

OECDは先進国倶楽部とも揶揄されます。欧州各国を中心に，加盟国の数は増えていますが（OECD設立は1961年。日本は1964年に加盟），それでも2022年現在で加盟国数は38です。**第７章1**で資本輸出国たるＲ国と資本輸入国たるＳ国の図を描きました。OECD加盟国はＲ国の立場であることが多く，Ｓ国の源泉課税管轄を制約したがります。OECD非加盟国（発展途上国が多い）はＳ国の立場であることが多く，源泉課税管轄が制約されすぎであるという不満を抱きがちです。

OECD非加盟国も多く加盟している国際連合（UN：United Nations）が，源泉課税管轄の制約が弱い**UNモデル租税条約**を作成しています。しかし，OECD加盟国のほうが交渉力が強い傾向があります。UNモデル租税条約はOECDモデル租税条約より軽視されています。

2　租税条約は国内法より優先する？

租税条約が源泉課税管轄を制約し，それでもなお残る国際二重課税について居住課税管轄を制約して国際的二重課税救済を図ります。しかし，国が条約に従うでしょうか？

日本では，条約は国内法（所得税法や法人税法など）より優先します。日本国憲法98条２項が「日本国が締結した条約及び確立された国際法規は，これを誠実に遵守することを必要とする。」と定めているからです。しかし，国によ

79　commentaryではなく固有名詞のCommentary。本書は法学部生以外の読者を想定していますが，法学部生は民法や刑法についてコンメンタールという語を耳にしたことがあると思います。ドイツ語のKommentar（コンメンタール）の英語がコメンタリーです。一般名詞としての注釈書（Kommentarまたはcommentary）はOECD租税委員会以外が作成することもあります。非公式注釈書で有名なのはドイツの租税法学者の名を冠したVogel（フォーゲル） Kommentar（今は弟子が引き継いでいます）です。

っては，条約が国内法より優先するとは限りません。後に作成されたほうが優先するという後法優先原則を採用している国もあります。

条約と憲法との関係について，日本では，憲法は条約より優先する，という見方が通説です。憲法改正の要件（憲法96条１項：国会の３分の２以上の賛成と国民投票の過半数の賛成）より条約締結のほうが容易（憲法61条，73条３号：内閣が条約を締結し，国会の過半数の承認を得る）です。条約が憲法より優先するならば，憲法改正のハードルを越えることができない内容を条約で実現できてしまい，おかしい，という説明です（もっとも，この説明を外国人にすると，国内で定める憲法が，国家間で定める条約より優先するのはおかしい，という疑問を受けることもあります）。

条約（や憲法）に違反していない課税方法ならば，何でも法的に許されるでしょうか？　一般国際法に違反するような課税が仮にあるとしたら許されない，と一応は考えられています。

伝統的に源泉課税管轄，居住課税管轄という２つの課税管轄が承認されてきたと述べました。課税しようとする国と課税されるかもしれない対象との間には，課税を正当化する**nexus**（ネクサス）（繋がり，関連性などの意味ですが租税法学ではカタカナで呼ぶことが多いです。国際私法における定訳は連結点ですが，租税法では用いません）が一般国際法に照らして必要であると考えられています。

しかし，一般国際法による課税権の制約に関する議論は成熟していません。源泉（source）も居住（residence）もnexusとして課税権の行使を正当化すると考えられていますが，国籍（nationality）[80]や他の要素が課税を正当化するnexusとして十分であるか，未だ十分には議論が煮詰まっていません。「独占禁止法の分野とは異なり，現代では各国が課税管轄を限界まで行使することを試みているわけではない」[81]と言われています[82]。

80　アメリカは例外的に居住だけでなく国籍（nationalityではなくcitizenship（市民権）ということが多いです）も全世界所得課税を発動するnexusとして用いています。国籍に基づく課税が一般国際法に違反する可能性はなかろうと思われます。小塚真啓「翻訳　シティズンシップ課税」岡山大学法学会雑誌66巻２号658～592頁（2016）（Ruth Mason, Citizenship Taxation, 89 Southern California Law Review 169～239（2016））参照。

3　租税条約の構造

ほとんどの二国間租税条約のモデルとなっているOECDモデル租税条約（2017年11月21日版）の条文の見出しを載せておきます。

第１章　条約の範囲（Scope of the convention）
　第１条　人的範囲（Persons covered）
　第２条　対象税目（Taxes covered）
第２章　定　義（Definitions）
　第３条　一般的定義（General definitions）
　第４条　居住者（Resident）
　第５条　恒久的施設（Permanent establishment）
第３章　所得に対する課税（Taxation of income）
　第６条　不動産所得（Income from immovable property）
　第７条　事業利得（Business profits）
　第８条　海運，内陸水路運輸及び航空運輸（International shipping and air transport）
　第９条　特殊関連企業（Associated enterprises）
　第10条　配当（Dividends）
　第11条　利子（Interest）
　第12条　使用料（Royalties）
　第13条　譲渡収益（Capital gains）
　第14条　削除［旧自由職業所得］（Independent personal services）
　第15条　給与所得（Income from employment）
　第16条　役員報酬（Directors' fee）

81　水野忠恒「国際租税法の基礎的考察」菅野喜八郎・藤田宙靖編『小嶋和司博士東北大学退職記念憲法と行政法』731～788頁，738頁（良書普及会，1987年）参照。
82　**第15章4と第15章5**で説明するPillar OneとPillar Twoは限界への挑戦かもしれません。

第17条　芸能人及び運動家（Entertainers and sportspersons）
第18条　退職年金（Pensions）
第19条　政府職員（Government service）
第20条　学生（Students）
第21条　その他所得（Other income）
第４章　財産に対する課税（Taxation of capital）
第22条　財産（Capital）
第５章　二重課税排除の方法（Methods for elimination of double taxation）
第23条A　免除方式（Exemption method）
第23条B　税額控除方式（Credit method）
第６章　雑　則（Special provisions）
第24条　無差別取扱い（Non-discrimination）
第25条　相互協議（Mutual agreement procedure）
第26条　情報交換（Exchange of information）
第27条　徴収共助（Assistance in the collection of taxes）
第28条　外交官（Members of diplomatic missions and consular posts）
第29条　特典を受ける権利（Entitlement to benefits）
第30条　適用地域の拡張（Territorial extension）
第７章　最終規定（Final provisions）
第31条　発効（Entry into force）
第32条　終了（Termination）

OECDモデル租税条約は，６条〜21条において，取引の性質や所得稼得者の人的属性によって所得を区別して源泉課税管轄を制限しています（classification and assignment approachと呼びます）。

それでも発生しうる国際二重課税について23条が居住課税管轄を制限しています。OECDモデル租税条約は23条を２つの候補に分け，23条Ａが国外所得免除方式（exemption method）を，23条Ｂが外国税額控除方式（credit method）を採用し，実際の二国間租税条約は締結国間の交渉でどちらかを採用します。

なお，２条で租税条約の対象となる税目が定められています。付加価値税は租税条約の対象ではありません。付加価値税については，条約を締結するまでもなく国内法で仕向地主義が採用されています（**第６章3**参照）。

4　税率の制限と源泉徴収

OECDモデル租税条約の６条～21条が源泉課税管轄を制限していると述べました。

例えば，アメリカの国内法では利子や配当をアメリカ法人が非居住者に支払う際に30％の税率で課税します。OECDモデル租税条約11条２項は，利子について，源泉地国は10％まで課税してよいと定めています。

また，OECDモデル租税条約10条２項は，Ｒ国居住者がＳ国法人の持分を25％以上保有している場合に，Ｓ国法人がＲ国居住者に支払う配当について，源泉地国の税率を５％までに制限している一方，そうでない場合（保有割合が25％未満である場合）の税率は15％までと定めています。株式保有割合が高い場合に源泉地国の税率が低くなるのは，子会社・親会社の重複課税を緩和するためです。

OECDモデル租税条約12条１項は，特許権や著作権の使用料について，源泉課税管轄を否定しています。しかし，技術輸入国（発展途上国が多い）が不満を持ちます。UNモデル租税条約12条２項は，使用料について，源泉地国が10％まで課税してよいと定めています[83]。

UNモデル租税条約は影響力が小さいと述べましたが，特許権や著作権の使用料に関してはUNモデル租税条約に近い内容の二国間租税条約が少なくあり

83　さらに，UNモデル租税条約12条Ａは，技術的役務の対価（Fees for technical service。略してFTS）について，使用料と同様に源泉課税管轄を認めています。また，2021年改訂後のUNモデル租税条約は，12条Ｂで，自動的なデジタル・サービス所得（Income from automated digital services）について源泉課税管轄を認めています（**第15章4**のDSTを参照）。

ません。日本も20世紀後半に租税条約を締結していた際は技術力が弱い国でしたから，特許権や著作権の使用料に関しUNモデル租税条約に近い定め方をしていました。1993年以降，日本の技術貿易収支が黒字化し[84]，2003年の日米租税条約改訂以後，使用料について源泉地国の課税権を否定する方針に変更しました。

とはいえ，相手国との交渉次第ではUNモデル租税条約に近い規定が残っています（例えばインドとの日印租税条約12条）。要するに租税条約政策は，各国のエゴがむき出しになる領域でもあります。また，税以外の文脈でも知的財産関係は，各国のエゴがむき出しになりやすい領域でもあります。かつてアメリカは英文学が弱かったので外国の著作物の著作権を認めていなかった，とか，かつて日本は化学物質特許を認めていなかった，とか，各国の弱かった領域が垣間見えます。

源泉課税管轄についてＲ国法人Ｘ社がＳ国法人Ｙ社に12.5％の金利で800の金銭を貸し付けたと想定して（図表８－１），具体的に考えます。

図表８－１　源泉徴収税（withholding tax）の仕組み

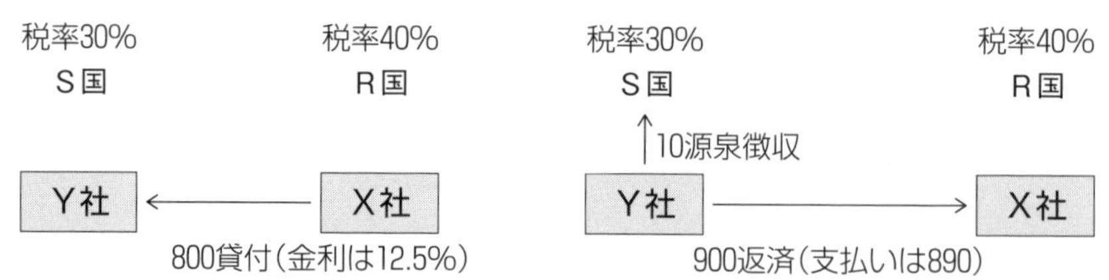

税率の制限については，２つ注意点があります。

第一は源泉徴収税の仕組みについてです。契約上，Ｙ社はＸ社に利子100を上乗せした900を返済する義務を負います。この時，Ｘ社が100（＝800×12.5％）の利子所得を稼得したことになるのですが，Ｓ国が源泉地国としてＸ社の

84　総務省「統計トピックスNo.77」（2016.1.24），総務省「統計でみる日本の科学技術研究　2021年（令和３年）科学技術研究調査の結果から」11頁参照。

所得に対し課税権を有するとはいっても，Ｓ国の税務署職員がＲ国に出かけていってＸ社に課税権を行使することは一般国際法違反です。そこで，Ｘ社の所得ではあるけれども，利子支払者であるＹ社が代わりに税を天引きしてＳ国の課税庁に納付します。これを**源泉徴収**と呼びます。

Ｓ国がアメリカであれば源泉徴収税率は30%[85]ですが，Ｒ国とＳ国がOECDモデル租税条約と同内容の条約を締結している場合，11条２項により税率が10%に制限されます。すると源泉徴収税額は100×10%＝10となり，10をＹ社がＳ国課税庁に納付します。Ｙ社は契約上Ｘ社に元利合計900を返済することになっていますが，実際に支払うのは源泉徴収税額10を引いた890になります。

第二に，所得の意味に注意しなければなりません。普通，所得（income）という語は，収益（revenue）から費用（cost）を控除したものを意味します。費用控除後を強調する場合は**純所得**（net income）と表記します。「**利得**」（profit）も純所得です。しかし，**図表８－１**でＳ国の税務署職員がＲ国に調査に行くなどすることは一般国際法上許されないので，Ｘ社がＹ社から利子を稼得するに際し，いくらの費用がかかったか調査できません。

図表８－１のＸ社の利子所得100（＝800×12.5%）は，費用控除前のものです。費用控除前の所得を**総所得**（gross income）と呼びます。租税条約10条２項や11条２項で税率が５%，15%，10%などと低く抑えられているとはいえ，総所得×税率なので，源泉徴収税額を純所得で割った税負担割合は高くなる可能性があります。

特に，Ｘ社が金融機関である場合，Ｘ社がＹ社に金利12.5%で800を貸し付ける前に，Ｘ社は資金を第三者から金利11.125%で借りていたかもしれません。そうすると，利子収入（総所得）が800×12.5%＝100（源泉徴収税額は10）であるものの，費用が800×11.125%＝89かかるわけですから（他の費用がなかったとしても），純所得は100－89＝11です。10÷11≒90.91%です。実際には，金融機関は，国境をまたいで貸し借りして源泉徴収税がかかる事態を回避すべ

85　Ｓ国が日本である場合は20%ですが，震災復興増税で2.1%上乗せされ，20.42%（＝20%×1.021）とかいう面倒な数字になります。

く，X社がS国に支店を置く傾向にあります（第9章5参照）。

5 条約の特典（benefit）と条約漁り（treaty shopping）

OECDモデル租税条約は6条〜21条において源泉課税管轄を制約しています。条約が国の課税権を制約することは納税者目線では利益であり，この利益をbenefit（**特典**，便益，恩恵と訳されます）と呼びます。

R国とS国が租税条約を締結し条約の特典を納税者に認めるのは，R国・S国間の経済交流の阻害要因を減らそうとするためです。しかし，R国・S国とは関係のない者がR国・S国間の条約の特典に与（あずか）ろうと企むことがあります。これを**条約漁り**（treaty shopping）と呼びます。

図表8－2　条約の有無の違い

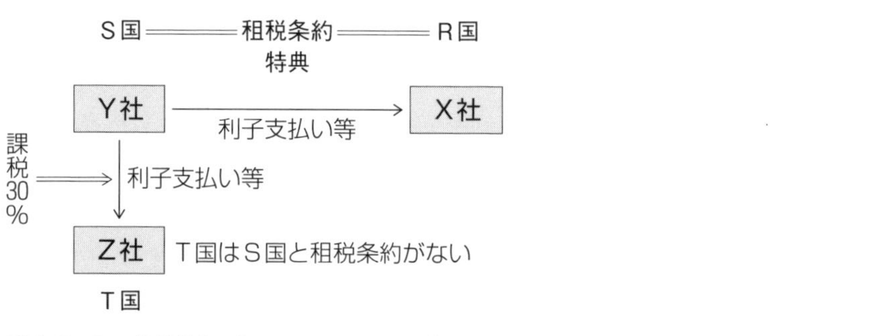

図表8－3　条約漁り（treaty shopping）

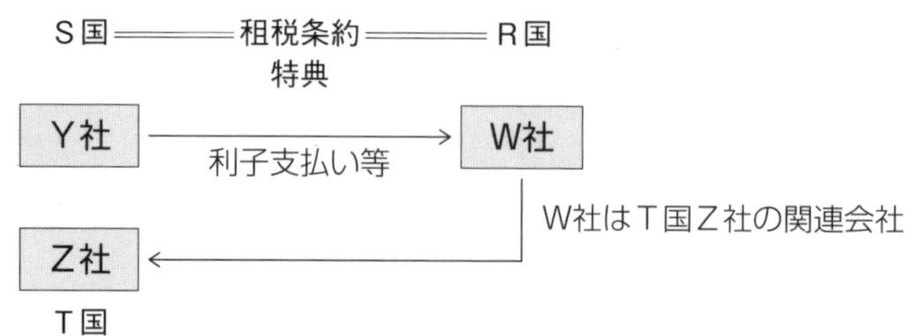

図表8－2のように，R国とS国との間では租税条約が締結されているが，第三国（T国）とS国との間では租税条約が締結されていないという状況を想定します。

T国法人Z社がS国法人Y社から所得を得る場合，例えばZ社がY社に金銭貸付けをしてY社がZ社に利子を支払う場合，S国がアメリカであれば国内法による源泉徴収税率30％が適用されます。

他方，R国法人X社がY社に金銭貸付をしていてY社がX社に利子を支払う場合，租税条約によって源泉徴収税率が例えば10％に制限されるといった条約の特典があります。利子ではなく使用料を支払う場合，租税条約がOECDモデル租税条約と同様であれば，源泉徴収税率は０％になります。

そこでT国法人Z社は，**図表8－3**のように，R国に形式的に法人（W社としておきます）を設立したことにし，Z社とY社とが直接取引をするのではなく，Y社と直接取引するのはW社であるということにします。そして，Y社が利子や使用料を支払う相手先はT国法人ではなくR国法人であるからR国・S国租税条約の特典を利用しよう，と企むのです。

W社に支払われた金員はそのままW社が保持し続けていてもよいですし，R国とT国との間には租税条約が締結されていて，W社経由でZ社があまり高い源泉徴収税率が課せられることなく回収できるという場合もあります。このような条約漁り目的で設立されるW社のような法人をconduit company（**導管会社**）と呼びます。

こうした条約漁りは，R国・S国間の経済交流の阻害要因を減らすという租税条約の目的に適ったものではありませんので，S国としては条約の特典を認めたくありません。

OECDモデル租税条約11条２項は，利子の受領者（recipient）がbeneficial owner（**受益者**）である場合に，条約が源泉地国の税率を制限する旨を規定しています。配当に関する10条２項や使用料に関する12条１項にも同様の表現が用いられています。利子等の受領者がR国居住者であっても，所得を他に横流ししていて受益者（所得を実質的に享受する者）が別の国にいる場合は，条約の税率制限は適用されない，ということです。条約がＳ国の課税権を制約しない場面では，Ｓ国は国内法で定めている税率で課税することが可能となります。

6 条約漁り：*Prévost Car*事件

W社のような導管会社は，どのような場合に受益者ではない，と判定されるのでしょうか。この点に関して，以前は課税庁側が裁判で勝ちにくいという空気があったように見受けられます。

例えば，カナダの*Prévost Car*事件[86]で課税庁が敗れました。**図表８-３**のＳ国にカナダ，Ｒ国にオランダ，Ｔ国にスウェーデンまたは英国を当てはめてください。

スウェーデン法人Volvo社と英国法人Henrys社（２社あわせてＺ社に相当）が，カナダの自動車メーカーであるPrévost Car社（Ｙ社に相当）を買収することを企図しました。その際，加蘭（カナダ・オランダ）租税条約における配当に関する税率が，加瑞（カナダ・スウェーデン）租税条約，加英（カナダ・イギリス）租税条約における税率よりも低いので，Ｗ社に相当する会社（Prévost Holdings社）をオランダに設立しました。そして，Ｗ社がＹ社の株式を購入し，Ｙ社がW社に配当を支払う，という法形式を作出しました。

この条約漁りの試みに対し，カナダ課税庁は，W社は受益者ではなく加蘭租税条約の低い税率は適用されない（加瑞，加英の税率を適用する），と主張したのですが，裁判で敗れました。これは2009年の判決ですが，この頃までは，カナダに限らず，beneficial ownerという文言で課税庁が勝つのは案外難しい，という空気があったように見受けられます。

もっとも，その状況で課税庁が勝つとは！　と驚いた（驚いたのは私だけかもしれませんが）事例もあります。スイスとデンマークの租税条約の解釈が問題となった事例において，条約の中にbeneficial ownerに相当する文言がなく

86 *The Queen v. Prévost Car Inc.*, (2008 TCC 231) (2008.4.22) ; (2009 FCA 57) (2009.2.26).

ても，文言がある場合と同様に，条約の特典を制限できる，とスイス連邦最高裁は判断して課税庁を勝たせました[87]。

7 条約特典制限（Limitation on Benefit）条項

beneficial owner絡みで課税庁敗訴例が少なくなかったので，より明示的に，条約の特典を制限する規定が増えてきました。**条約特典制限条項**と呼びます。OECDモデル租税条約では2017年版から29条として新設されました。

20世紀において，租税条約は，国際二重課税を防止し締結国間の国際経済交流阻害要因を減らす，という趣旨が強調されていました。21世紀に入り，国際二重課税防止と並んで，国際的な租税回避や脱税を防止することも，租税条約の趣旨として強調されるようになってきました。

OECD加盟国は先進国が多いので対発展途上国の関係において源泉課税管轄を強く制約する傾向があると**本章4**で述べました。源泉課税管轄保守にこだわる国は劣等国であると嘲（あざけ）る空気すら2005年頃までありました（**第9章4**参照）。近年，対企業の関係において源泉課税管轄を保守しようとする傾向が強くなりました[88]。20世紀のOECD加盟国の租税条約政策（源泉課税管轄抑制）は度を越していたということでしょう。

87 Schweizerisches Bundesgericht Urteil vom 2015.5.5（2C_364/2012，2C_377/2012，und 2C_895/2012），類例，Urteil vom 2015.11.27（2C_752/2014）。

88 Lee A. Sheppard, Revenge of the Source Countries?, 106 Tax Notes 1362（2005.3.21）が空気の変化を見事に描写していたと私は思います。

源泉課税管轄の制限②：PEなければ事業利得課税なし

1 OECDモデル租税条約7条1項第1文と5条

R国とS国がOECDモデル租税条約と同内容の条約を締結していると想定します。R国企業（enterprise）[89]であるA社（R国法人）がS国で事業利得を稼得している場合，OECDモデル租税条約7条1項第1文は，A社がS国内のPE（ピーイー）（permanent establishment。恒久的施設）を通じて事業を営んでいない限り，S国は課税権を有さない旨を規定しています。PEなければ事業利得課税なしルールと呼ばれます。

例えば，アメリカ法人アマゾン社が日本の顧客にオンラインで音楽を提供し事業利得を稼いでいるが，アマゾン社が当該事業に関して日本に物的な拠点としてのPEを有していない場合，日本国は課税できない，ということです（第15章4参照）。PEについてはOECDモデル租税条約5条1項が「事業を行う一定の場所」（fixed place of business）と定義しています。その典型は支店（branch）です。

2 OECDモデル租税条約7条1項第2文と2項：独立企業間原則（arm's length standard）

R国法人B社がS国で事業利得を稼得しており，B社がS国に物的な拠点としてのPE（C支店としておきます）を有している場合，S国は課税することができます。この際，PEに帰属する利得（attributed profit）だけS国は課税することができる（PEに帰属しない利得にS国は課税できない），とOECDモデル租税条約7条1項第2文に定められています。OECDモデル租税条約7条2項は，ここで挙げたB社の例でいうと，S国のPE（C支店）がR国のB社本店と「分離し，かつ，独立した」（separate and independent）企業であると擬制す

89 租税条約で企業（enterprise）という語は，法人に限らず個人事業者も含みます。

る，と規定しています。R国企業がS国市場に参入するいくつかの態様と比較しましょう。

図表9-1　R国企業のS国への経済的参入の諸態様

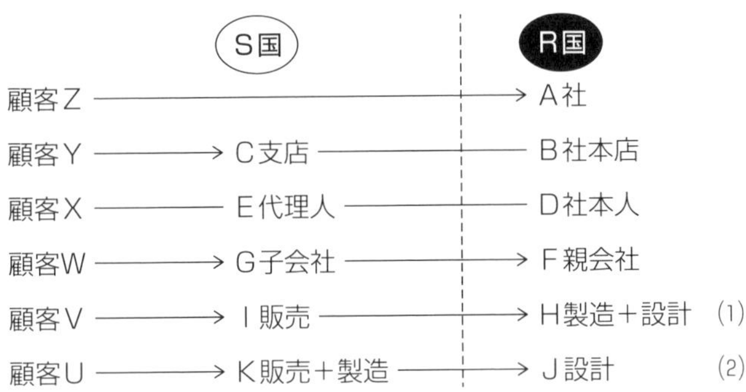

例えば，A社が車をR国で設計し製造しS国の顧客Zに販売するという状況を想定します。A社がS国に何ら物的施設を設けず，A社とZとが電話等の通信手段のみでやり取りしていた場合，PEなければ事業利得課税なしルールにより，この車製造販売に係る事業利得についてS国は課税できません[90]。

次に，B社本店が車を設計・製造しS国の顧客Yに販売する例を考えます。B社はS国にC支店（PEに当たる）を有しているとします。この場合，S国はB社の事業利得に課税することができますが，C支店に帰属する事業利得だけに課税することができます。S国がB社本店に帰属する事業利得に課税することはできません。

C支店に帰属する事業利得は，車の設計，製造，販売のうちC支店がどれだけの機能を担っているかによって変わります。例えば，B社本店が車の設計と製造の機能を担い，C支店が販売の機能を担っている場合（R国法人H社とS国法人I社が独立の企業でB社本店とC支店の関係がHとIの関係に類する場合，**図表9-1**(1)）と，B社本店が自動車の設計の機能を担い，C支店が自動

90　所得源泉もS国にあるとは判定されにくいです。*USA v. Balanovski*, 236 F.2d 298 (2nd Cir. 1956)；reversing 131 F.Supp. 898 (1955) 参照。

車の製造と販売の機能を担っている場合（R国法人J社とS国法人K社が独立の企業でB社本店とC支店の関係がJとKの関係に類する場合，**図表9－1**(2)）とを比べると，製造部門の貢献がマイナスであるといった特殊事情を想定しない限り，**図表9－1**(2)の場合のほうがC支店に帰属する事業利得は大きいでしょう。

そして，OECDモデル租税条約7条2項は，C支店がB社本店から独立した企業であったならば稼得したであろう事業利得が，C支店というPEに帰属する利得である，と定めています（**第10章1**参照）。**arm's length standard**（アームズ レングス）(**ALS**) またはarm's length principle（独立企業間原則または独立当事者間原則[91]）と呼びます。arm's lengthを直訳すると腕の長さです。恋人同士は抱き合いますが他人同士の関係であれば腕の長さの距離がほしいということから，独立の関係という意味でarm's lengthという表現を用います。独立企業間原則については，**第10章1**で詳述します。

R国企業がS国に物的施設を有していなくてもPEが認定される場合があります。R国のD社が設計・製造した車を，S国のEという代理人（agent）を通じてS国の顧客Xに販売するという場合も，D社がS国にPE（代理人PEと呼びます）を有するとされます（OECDモデル租税条約5条5項)。代理人との関係でD社のことを民法用語で**本人**（principal）と呼びます。代理人PEに帰属する事業利得についてもOECDモデル租税条約7条1項及び2項が当てはまります（**第10章3**で詳述)。

PEにいくらの事業利得が帰属するかに関する前記(1)と(2)との違いは，R国企業がS国に支店形態ではなく子会社形態で進出した場合にも当てはまります（**図表9－1**のR国法人F親会社とS国法人G子会社)。この場合はOECDモデ

91　arm's length principleは独立当事者間原則と訳されることが多いのですが，arm's length price（独立当事者間価格と訳されることが多い）に対応する日本の法令用語は独立企業間価格（租税特別措置法66条の4）なので，本書では独立当事者間原則，独立当事者間価格という表記を避けます。また，arm's length standardは独立企業間基準と訳せますが，arm's length principleと異なる意味で用いられるわけでもなく，また，arm's length principleを略すとALPになってしまいますが，ALPはarm's length priceの略語なので，本書では，独立企業間原則（arm's length standard：ALS）という表記を用います。

ル租税条約７条２項と同様にOECDモデル租税条約９条がＳ国のＧ社への課税をarm's length standardで制約しています。

Ｃ支店はＢ社の分身であり，法人格はＢ社と一体です。Ｃ支店は物理的にＳ国に存在していてもＲ国居住者であるＢ社の一部です。Ｓ国のＣ支店への課税は非居住者に対する源泉課税管轄の行使です。

他方，Ｇ**子会社**（subsidiary）とＦ**親会社**（parent company）は，法人格が別々です。Ｆ社はＲ国居住者，Ｇ社はＳ国居住者です。Ｓ国のＧ社への課税は自国居住者に対する居住課税管轄の行使です。

3　準備的又は補助的な活動：５条４項

Ｒ国企業がＳ国における物的な施設を通じて活動していても例外的にPEに該当しない場合があります。Ｓ国における物的な施設が**準備的又は補助的**（preparatory or auxiliary）な活動をしているにとどまる場合，PEには該当しない，と５条４項が定めています。代理人も活動が準備的又は補助的なものにとどまれば代理人PEに該当しません。

例えば，**図表９－１**のＲ国法人であるＡ社が本屋を営んでおりＳ国に在庫を置くだけの倉庫を有しているが，Ｓ国の顧客Ｚからの注文はＲ国Ａ社本店で受け付けるという場合，Ｓ国における物的な施設は準備的又は補助的な活動をしているにとどまるため，Ｓ国PEには当たりません[92]。

しかし，Ｒ国企業の本業が倉庫業であり，Ｓ国にも倉庫を設けて倉庫業を営んでいる場合，それは準備的又は補助的な活動ではなく中核的な活動ですので，PEに該当します。

Ｓ国に倉庫があるという経済的実態は同じでも，本業が何か次第で，PEの認否が変わりうる，という頭の悪い条文です（この段落は私見の偏りが強いで

92　アメリカ居住者が日本の顧客から注文を受けて日本の倉庫を経由して自動車部品を日本の顧客に販売していた事案では，日本における物的な施設の営む機能が倉庫にとどまるものではなく準備的又は補助的な範囲を超える活動をしているため，PEに当たると判断されました。東京高判平成28年１月28日訟月63巻４号1211頁（http://www.courts.go.jp/app/hanrei_jp/detail5?id=86117）。

す[93]。眉に唾つけてください)。

4 PE認否の空気の変化?:*Philip Morris GmbH*事件

イタリア司法が世界中の国際租税専門家から嘲笑された*Philip Morris GmbH*事件[94]というものがあります。

Philip Morrisはアメリカ系煙草会社ですが,問題となったのはPhilip Morris系列のドイツ法人(Philip Morris GmbH。以下,P_1社と表記)です[95]。P_1社が非関連のイタリアの顧客(国営卸売業者たるA社)と取引する際,Philip Morris系列のイタリア法人(I社。煙草フィルターを製造)は,P_1社のイタリアにおける代理人PEである,とイタリア課税庁が認定しようとしました。I社はPhilip Morris系列のスイス法人(以下,P_2社と表記)に部分的に保有されている会社であり,P_1社,P_2社,I社は関連企業ではあります。

しかし,I社はP_1社との契約においてイタリア市場の情報収集をすることと在庫管理をするだけという形で機能を限定しており,準備的又は補助的な活動(**本章3**参照)にとどまっていました。そのため,I社がP_1社の代理人PEであるとするイタリア課税庁の主張は無理筋でした。が,結論として裁判所はI社がP_1社の代理人PEであると認定しました[96]。

I社とP_1社との間の関係だけでは代理人PE認定は無理筋なのですが,Philip

---

93 PEか否かの線引きは,準備的又は補助的かという活動の性質ではなく,規模に着目すべき,と私は主張しました(浅妻章如「恒久的施設を始めとする課税権配分基準の考察―所謂電子商取引課税を見据えて―」国家学会雑誌115巻3・4号321~382頁,334頁(2002))。近年,規模に着目する見解が目立ちつつあるように見受けられます。

94 *Philip Morris GmbH*, Corte Suprema Di Cassazione (Sezione Tributaria), Rome, Judgment date : 2002.3.7, reported in 4 International Tax Law Reports 903~946 (2002)(英訳に依拠しています)。判決批判としてRobert Goulder, IFA Panelists Slam Italian High Court Ruling on Permanent Establishments, 27 Tax Notes International 1152 (2022.9.2) ; Guy A. Kersch, TEI Comments on PE Definition in OECD Model Treaty, 2003 WTD 203-12 (2003.10.21) ; Steve Towers, Proposed Changes to OECD Model Tax Treaty Could Nullify Philip Morris Decision, 34 Tax Notes International 939 (2004.5.31) 参照。

95 GmbH(ゲーエムベーハー)はGesellschaft mit beschränkter Haftung(ドイツ語で有限責任会社)の略です。

96 代理人PEを認定してもイタリアの課税対象となる所得は大して増えないはず(**第10章3**で詳述)ですが,ここでは深入りしません。

Morris系列会社の煙草がイタリア市場に参入するに際し，Ｉ社をPE（代理人PEを含む）認定せずにはいられないというのがイタリア課税庁の立場なのでしょう。

そして，イタリア司法の考え方は，Multiple PE Concept（複数の外国法人との関係で国内のPEを認定しようという考え方）であるとして批判され，PEは１つの外国法人との関係で（つまり一対一の関係で）認定されうるものである，と論じられました[97]。

図表９－２　Philip Morris事件

図表９－３　契約分割（splitting）

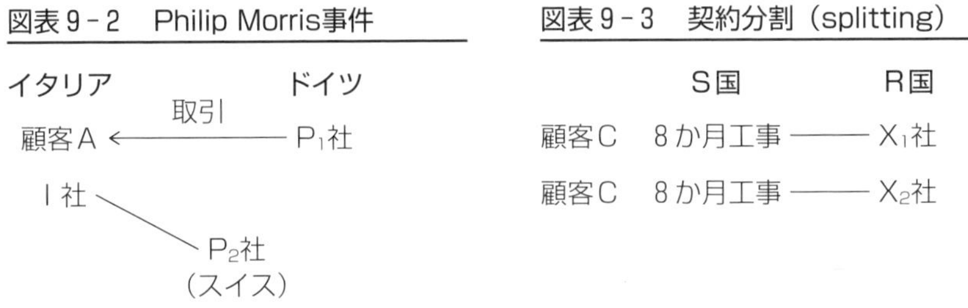

ところで，一対一の関係でPEを認定しようとすると，企業側は容易にPE認定を回避できてしまいます。例えば，OECDモデル租税条約５条３項は12か月以上の工事現場をPEの定義に含めています。

Ｒ国企業がＳ国で顧客（Ｃ社とします）との関係で16か月かかる工事を予定していたとして，**図表９－３**のようにＲ国企業が２つの法人を設立し（X_1社とX_2社），８か月ずつ工事をするとしてしまえば，PE認定を回避できてしまいます。それはおかしいということで，現在は人為的に契約を分割してPE認定を回避することは許されない，とコメンタリー（５条第52段落）に書かれてあります。

また，契約分割ほどわかりやすくはありませんが，Ｓ国で行う活動を複数の活動に細分化し各々は準備的又は補助的な活動にとどまる，という納税者側の主張を封じるようなOECDモデル租税条約の規定（５条4.1項）も追加されま

97　Towers・脚注94参照。

した（細分化（fragmentation）対策と呼ばれます）。

当時のイタリア司法が正当化されるわけではありませんが，一対一の関係を強調してイタリア司法の判断を批判する空気は何だったのかなとは思います。

5 製造業は子会社，金融業は支店

R国の企業である製造業者がS国に進出する場合は，子会社を選ぶことが多いです。株式会社は有限責任（**第2章3**参照）であり，S国での事業がうまくいかなかった場合，子会社に出資した部分を諦めれば，それを超える深手は負わなくて済むからです。

他方，有限責任はメリットとは限りません。R国の銀行などの金融機関がS国に子会社で進出した場合，取引相手から見ると，子会社は有限責任だから**信用力**（credibility）が小さいということで避けられてしまいます。支店形態で進出した場合，R国企業の本店も責任から逃れられないというデメリットは，逆に，信用力を高める，というメリットと表裏一体です。

さらに，源泉徴収税（**第8章4**参照）とPE課税との関係で，金融業は支店形態を選ぶことが多いです。R国法人であるA銀行がS国法人であるZ社に金銭800を利子率12.5％で貸し付ける場合と，R国法人であるB銀行のS国C支店（PEに該当する）がS国法人であるY社に同様の金銭貸付をする場合を比較してみましょう（**図表9-4**）。また，A銀行もB銀行C支店も，800を貸すに当たり，第三者であるT銀行から800を金利11.25％で借りていたと想定します。R国とS国はOECDモデル租税条約と同内容の条約を締結しており，S国税率は30％，R国税率は40％であると想定します。

Zは利子100と合わせて元利合計900をA銀行に支払う義務を契約上負いますが，OECDモデル租税条約11条2項により利子所得（総所得（gross income）の意味）100に10％の税率が適用されるので，Zが100×10％＝10を源泉徴収してS国に納付し，源泉徴収税引後の890をA銀行に支払います。A銀行はT銀行に800×11.25％＝90の利子を含めて元利合計890を支払うので，A銀行には何も残りません。

他方，C支店はYから受け取った900のうち利子収入が100であり，T銀行に支払う890のうち利子費用が90（計算の便宜のため利子費用以外の費用は無視できるほど小さいとします）ですので，C支店の事業利得は100－90＝10です。OECDモデル租税条約11条2項の所得は総所得（gross income。費用控除前の所得）を意味するのに対し，OECDモデル租税条約7条のprofit（利得）は純所得（net income。費用控除後の所得）を意味します。そのためC支店はS国に3（＝10×30%）の税を納めます。R国とS国が条約でOECDモデル租税条約23条Bに相当する外国税額控除方式を採用している場合，B銀行本店はR国に対して10×40%－3＝1の税金を納めます。

A銀行にはR国・S国合計で10の税負担が生じているのに対し，B銀行にはR国・S国合計で4の税負担が生じています。金融機関にとってはS国にPEが存在するほうが有利なことが多いのです。

図表9－4　金融機関が支店形態で進出する理由　A銀行は10，B銀行は4の税負担

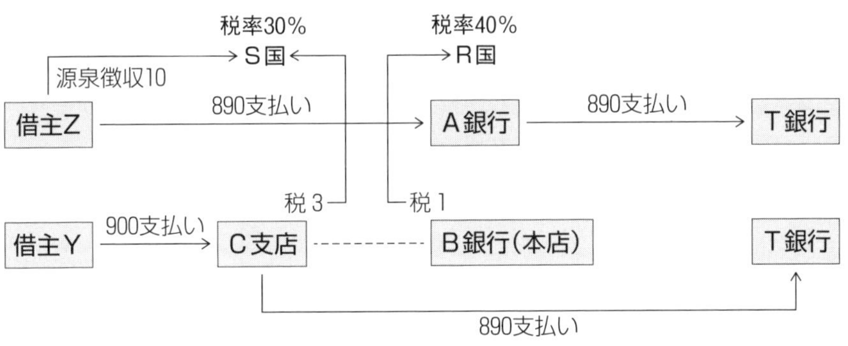

6 契約による利益移転に課税できない：日本ガイダント事件

S国からR国に配当所得や利子所得が支払われる場合は低い税率（本章5で見

たように純所得と比較すると税負担が軽いとは限りません）とはいえ源泉徴収課税をする権利がＳ国に認められており，所得が事業利得である場合はPEを通じて課税する権利がＳ国に認められています。そこで，PE認定を回避しつつ，配当所得でも利子所得でもない法形式で経済実質的には事業利得の一部をＳ国からＲ国に支払う，ということを納税者側は企図します。

図表９－５　日本ガイダント事件[98]

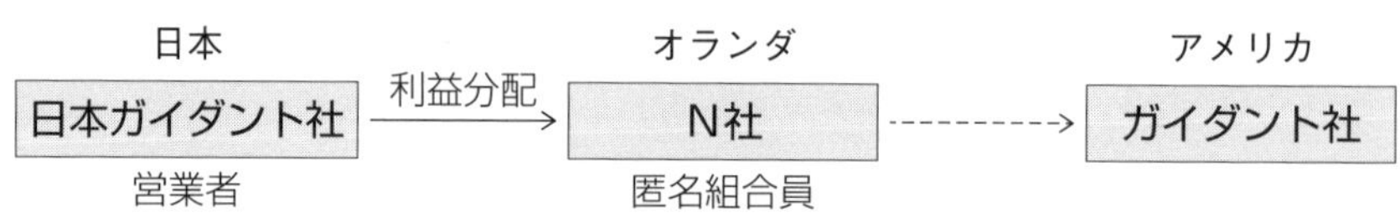

アメリカ系医療機器メーカーであるガイダント社（アメリカ法人）は，日本に子会社（日本ガイダント社）を有していました。当時の日本ガイダント社は従業員を雇い実態を伴う事業をしていました。ガイダントグループは，日本で生じる事業利益について日本での課税を回避すべく，策を講じました。

まず，オランダにペーパー・カンパニー（Ｎ社）を設立しました。Ｎ社が日本ガイダント社に出資する際，**匿名組合**契約[99]を用いました。法学部生以外の読者が匿名組合契約を理解することは難しいかもしれませんが（私も法学部で租税法以外ではほとんど習わなかった気がしますが），匿名組合は**第２章2**の組合（匿名組合と区別するため**任意組合**とも呼びます）とも**第２章3**の法人とも異なります。

任意組合の財産は組合員が共有（法律用語では合有ですが，わからなくて構いません）しており任意組合の事業は組合員の共同の事業と考えられやすいのに対し，匿名組合契約では，匿名組合員（Ｎ社）が営業者（日本ガイダント社）に一対一の関係で出資という金銭提供だけをし，営業に関する権利義務は

98　東京高判平成19年６月28日判時1985号23頁。
99　ドイツのstille Gesellschaftを日本が商法535条に輸入したものです。日本の法概念はドイツやフランスから輸入したものが多く（戦後は英語からの輸入も増えました），英語に馴染まない場合もあります。一応の英訳としてはsleeping partnershipまたはsilent partnershipと表記されます。

営業者だけに帰属します（共同事業ではない）。

事業の前面に出てくるのが営業者（日本ガイダント社）だけであり，匿名組合員（N社）はお金だけ提供して営業者から事業利益の分配を受けるだけの存在です。匿名組合契約は，組合という名前がついてはいるけれども，法的性質としては，金銭貸付に類した契約です[100]。

とはいえ，匿名組合員は，営業者に事業利益が生じたら利益分配を受けるという存在であり，営業者が儲からなかったら利益分配を受けることができないので，通常の金銭貸付の契約のように借主が儲かっていようがいまいが約束した利子を貸付人に支払わねばならないという性質の金員支払いではありません。日本の課税庁は，匿名組合契約に基づく利益分配は利子所得であるとは主張しませんでした。また，匿名組合契約は法人を作るものではないので，営業者の事業利益に連動した支払いとはいっても，利益分配は配当所得ではありません。

裁判の争点は，N社が日本にPEを有しているか，でした。欧州では，匿名組合員は匿名組合契約を通じて営業者所在地国にPEを有するものとして扱われるという考え方が定着しています[101]。N社はオランダ課税庁に対し，日本でPEを有していると申告していました。オランダは国外所得免税方式を採用しているので，オランダ居住者の国外に有するPEに帰属する事業利得にオランダは課税しないからです[102]。他方で，N社は日本課税庁に対しては日本にPEを有していない，と主張しました。二枚舌です。

日本の裁判所はN社の主張を認めてPEはないと判断しました。日本の裁判

---

100 渕圭吾「匿名組合契約と所得課税――なぜ日本の匿名組合契約は租税回避に用いられるのか？」ジュリスト1251号177～184頁（2003），金子宏「匿名組合に対する所得課税の検討――ビジネス・プランニングの観点を含めて――」金子宏編『租税法の基本問題』150～176頁（有斐閣，2007），田中啓之「共同事業の形態と所得課税（1～4・完）」法学協会雑誌135巻7号1529～1898頁，8号1884～1937頁，9号2166～2223頁，10号2434～2478頁（2018），田中啓之「パススルー課税の現状と未来」租税法研究51号42～58頁（2023）参照。なお，PEなければ事業所得課税なしルールを含め国際連盟時代にどのようにルールが形成されていったかについては渕圭吾『所得課税の国際的側面』（有斐閣，2016）参照。

101 Arvid Aage Skaar, Permanent Establishment：Erosion of a Tax Treaty Principle（Kluwer Law and Taxation Publishers, 1991）の175～176頁参照。

102 仲谷栄一郎＝藤田耕司「海外事業体の課税上の扱い」金子宏編『租税法の発展』639～656頁，648～656頁（有斐閣，2010）参照。

所は日本における租税条約の解釈適用を扱うので，欧州におけるPE認定の常識に拘束されません。私も，条約の解釈適用としては日本の裁判所のほうが正しい（欧州の常識のほうがおかしい）と考えています。

OECDモデル租税条約21条（**その他所得条項**。当時の日蘭租税条約23条）は，6条～20条に規定されていない種類の所得について，源泉地国は課税できない，と規定していたので日本は課税できないということになりました。オランダでも課税されないので**二重非課税**（または**課税の空白**と呼びます）となりました。

ガイダント社がアメリカ法人であるのにオランダ法人N社が匿名組合員になったのは，OECDモデル租税条約21条に相当する条文が当時の日米租税条約になく，匿名組合契約に基づく利益分配への日本の源泉徴収課税を日米租税条約が制約していなかったからです。ですので，この事件は典型的な条約漁り（**第8章5**）でもあります。また，OECDモデル租税条約21条にはbeneficial owner（受益者）に類する規定もありません。

オランダにおける扱いはともかく，PE帰属利得に課税するということと，配当や利子の支払いに源泉徴収課税をするということの，隙間が明らかになりました。配当支払いでも利子支払いでもない形で日本法人から外国法人に何らかの契約に基づいて支払いをすると，日本の課税を回避できてしまうことがあるということです。

その後，日蘭租税条約の交渉において，匿名組合契約に基づく利益分配について日本は課税することができるという約束を日蘭間で交わしました。その後の日本が関わる他の二国間租税条約でも同様の約束を交わしています。

第10章

独立企業間原則（ALS：arm's length standard）

1 移転価格（TP：transfer pricing）と独立企業間価格（ALP：arm's length price）

図表10-1　独立企業間取引と関連者間取引

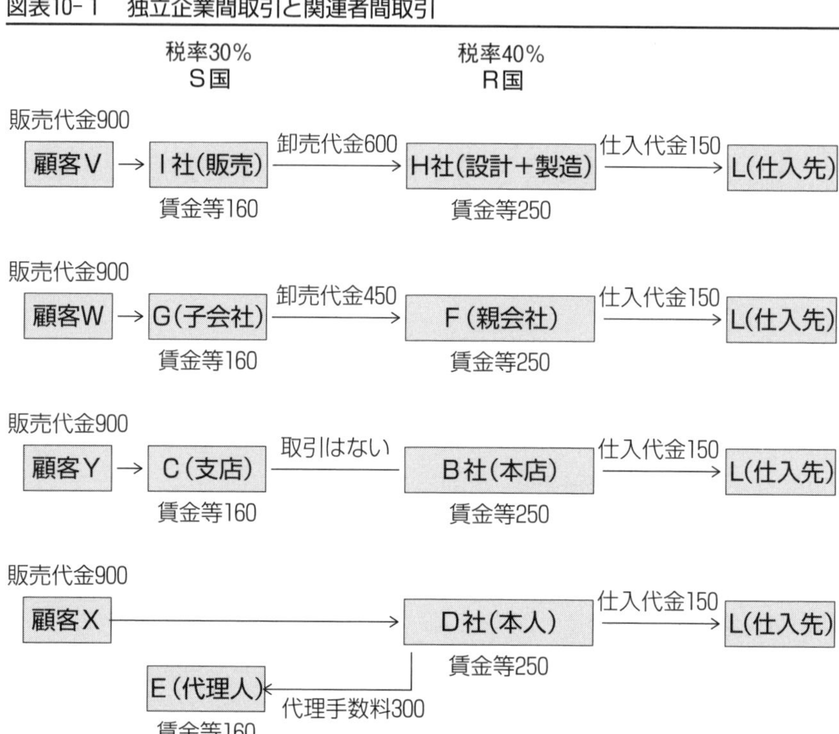

Ｓ国の税率が30%，Ｒ国の税率が40%であると想定します。

図表９－１と同様，Ｒ国法人Ｈ社とＳ国法人Ｉ社は非関連者であるとします。Ｈ社が車を製造するための原料をＬから150で購入するとします。また，Ｈ社の設計と製造の機能のために従業員を雇い賃金等の費用が250かかっているとします。Ｈ社は車を設計，製造し，Ｉ社に600で卸売りするとします。Ｉ社は販売機能のために従業員を雇い賃金等の費用が160かかっているとします。Ｉ社は車を顧客Ｖに900で販売したとします。

Ｈ社は，売上が600，費用が150＋250＝400，所得が600－400＝200，税額が200×40%＝80です。Ｉ社は，売上が900，費用が600＋160＝760，所得が900－760＝140，税額が140×30%＝42です。

関連者の関係にあるＦ社・Ｇ社も，それぞれＨ社・Ｉ社と同様の機能を営んでいたと仮定します。機能は同じでも，Ｈ社・Ｉ社の関係と異なり，Ｆ社・Ｇ社はＦ－Ｇ間の自動車の卸売価格をいかようにも変えられます。**契約自由の原則**（または**私的自治の原則**）といって，特殊事情[103]なき限り，ある取引の価格は，両当事者が合意した価格であれば，契約として有効です。

例えばＦ－Ｇ間の卸売価格が450であるとしましょう。この場合，Ｆ社は，売上が450，費用が400なので，所得が450－400＝50となり，税額は50×40%＝20です。Ｇ社は，売上が900，費用が450＋160＝610，所得が900－610＝290，税額は290×30%＝87です。Ｆ社の税20とＧ社の税87を合計すると107です。Ｈ社の税80とＩ社の税42を合計した122よりも15軽くなっています。

Ｈ－Ｉ間の卸売価格よりＦ－Ｇ間の卸売価格を150下げることで，Ｆ社からＧ社に所得を150移転させており，Ｓ国のほうがＲ国より税率が10%ポイント低

103　特殊事情として考慮すべきことはいくつかあります。民法学では一方に有利すぎる契約条件（価格に限らず）のことを暴利行為と呼びますが，裁判所が暴利行為であると認定して規制する場面は稀です。契約当事者の一方が消費者である場合は，消費者保護法が，消費者に不当に不利な契約条件（価格に限らず）を規制しています。労働契約に関しては労働基準法等が規制しています。別の特殊事情として独占禁止法にも注意しなければなりません。契約当事者の一方が不利かどうかというより，おかしな契約条件（価格も含みます。例えば不当廉売）のために他の競争企業が参入しにくくなるような場合が，規制の対象となりえます。しかし消費者保護法や労働法や独占禁止法を詳しく紹介する能力は私にはありません。

いので，150×（40％－30％）＝15だけ，合計の税負担が軽くなります。このように所得を移転させる価格設定のことを**移転価格**（**TP：transfer pricing**）と呼びます。

もしR国のほうが低い税率であったならば，F－G間の卸売価格を恣意的に上げることでG社からF社に所得を移転させることを企むでしょう。

移転価格によってF社・G社のような多国籍企業グループが合計の税負担を恣意的に軽くしようとする企みを防ぐため，租税法上はF－G間が独立の関係であったならば付されたであろう価格（**独立企業間価格**（**ALP：arm's length price**），または**独立当事者間価格**。脚注91参照），すなわちH－I間と同じ600がF－G間の卸売価格であるのを前提として（この前提を**独立企業間原則**と呼びます），R国はF社の所得を計算し直します（OECDモデル租税条約9条，日本法では租税特別措置法66条の4）。

S国としてはF－G間の卸売価格が450のままであるほうがG社の所得が大きいので税収が増えてラッキーですが，F社の所得がarm's length priceを前提として計算し直されたら，G社の所得も合わせて計算し直すことを，**対応的調整**といいます[104]。arm's length priceは課税の前提となる所得計算のための価格であるにとどまり，契約自由の原則は租税法以外の文脈では有効です。

ここでは説明の便宜としてarm's length priceが600であるとわかっていますが，実際問題として，arm's length priceの算定は，R国政府，S国政府，納税者（F社及びG社）の三すくみで大変な難問です。例えば，H社はとても性能の高い自動車を設計し製造している一方で，F社の自動車はそこまで性能が高くないが，G社の販売スタッフが優秀なので，H社の所得よりF社の所得が少なくI社の所得よりG社の所得が多い，といった主張をS国政府や納税者（F社及びG社）がするかもしれません。無形資産が絡むとさらに大変な難問

104　東京高判平成8年3月28日判時1574号57頁は，国内法に対応的調整の規定が欠けていた時であっても，日米租税条約に基づく対応的調整のための（トヨタの）法人税額減額更正処分（神奈川県座間市の地方税の還付も含む）は適法であるとした事例です。

になります[105]。arm's length priceについて，本書ではあまり紙幅を割いていませんが（例外的に**本章4**），国際租税法に関わる人的資源の半分以上はarm's length priceに関係している，と言っても過言ではないでしょう。

2 子会社と支店の違い

ところで，OECDモデル租税条約９条（**図表10-１**のＦ親会社とＧ子会社の関係）と７条２項（**図表10-１**のＢ社本店とＣ支店の関係）は同様のarm's length standardを規定している，と**第９章2**で述べました。しかし留意点があります。Ｇ社からＦ社に卸売代金支払いの矢印がある一方，Ｃ支店からＢ社本店に対して矢印はありません。

Ｆ社とＧ社は，法人格が別々なので，車の卸売りという**取引**（transaction）が法的に存在します。他方，Ｃ支店はＢ社の一部なので，私が右手から左手に何か物を移しても取引と呼ばないのと同様に，Ｂ社本店がＲ国で設計し製造した車が物理的にＳ国のＣ支店に移動しても，法的に取引は存在しません。ですから，Ｃ支店からＢ社本店に対する卸売代金支払いも法的に存在しません。しかし，租税法上はＢ社本店からＣ支店に車が卸売りされarm's length priceがＣ支店からＢ社本店に支払われたという関係を擬制（fiction）します。このように擬制されたＢ社本店とＣ支店の関係を租税法では**内部取引**（dealing）と呼びます。

105　ワールド・ファミリー事件・東京地判平成29年４月11日平成21（行ウ）472号（http://www.courts.go.jp/app/hanrei_jp/detail5?id=88360）（ディズニー・キャラクターを用いた英語教材について）等，近年裁判例が出てくるようになりました。

3　代理人PE帰属利得

図表10-2　図表10-1の一部再掲（single taxpayer approach）

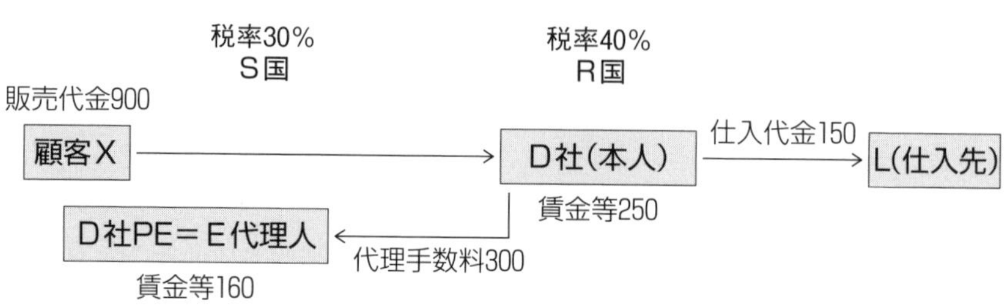

図表10-3　double taxpayer approach

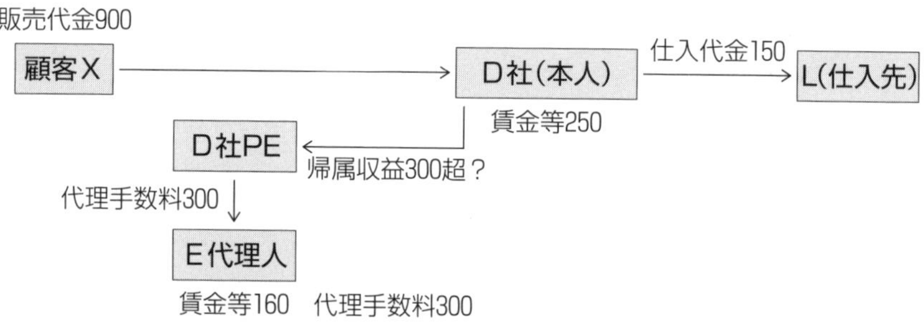

図表10-1のD社本人とE代理人のような代理人PEに関してもOECDモデル租税条約7条2項のarm's length standardが適用されます。代理人PE帰属利得の考え方について2004年頃からOECDで議論されました[106]。

D（H社と同様の機能を担うため同様の従業員を雇っていると想定）がR国で車を設計，製造し，E（I社と同様の機能を担うため同様の従業員を雇っていると想定）がS国で顧客を勧誘し，顧客XがDの車を購入するとします。XはEと相対して車購入契約を締結しEに代金を支払ったつもりになるかもしれ

106　浅妻章如「PE・代理人PEに帰属する利得と所得の地理的割当」ジュリスト1287号126～130頁（2005）参照。

ませんが，法的には，ＥはＤ本人（principal）の代わりの者です。

契約はＸ−Ｄ間で成立します。代金はＸからＤに支払われたことになります。Ｅは，Ｄから代理手数料を受け取ります。Ｄが遂行した車の設計及び製造の機能と，Ｅが遂行した販売の機能が，それぞれＨ・Ｉの機能と類似している想定なので，arm's length priceとしての代理手数料は300（ＩはＨから600で仕入れて900で売った）でしょう。

Ｄは，売上が900，費用が700（＝150（仕入）＋250（賃金）＋300（代理手数料））なので，所得が200となり，Ｅは，売上が300（代理手数料），費用が160（賃金等）なので，所得が140となりそうです。Ｅが元々Ｓ国居住者である場合，Ｅは140×30％＝42の税をＳ国に納めるでしょう。ＥがＳ国居住者である場合，元々，Ｅは代理人ＰＥ規定があってもなくてもＳ国で納税義務を負います。

代理人PE規定が存在することでＳ国の税収が増える可能性はあるのでしょうか。

OECD租税委員会はOECD加盟国の財政当局の人間が集まって会議しているところですが，企業もいろいろと意見を述べます。企業（特に金融業界の意見だったようです）は，

> 図表10-１のD-E間のような状況で代理人PE規定がＳ国に追加の税収をもたらすことはない，なぜならOECD租税条約７条２項はarm's length standardを要求しているため，Ｄ社がＥ代理人にarm's length priceの代理手数料を支払ったならば，それを超える収益がＥ代理人に帰属することはありえないからだ

と主張しました。この考え方を**single taxpayer approach**（定訳はありません。Ｄ社の代理人PEとＥ代理人を同視する考え方）と呼びます[107]（図表10-２）。

107　私が修士論文を書いた2001年（公表は翌年）当時，single taxpayer approachという表現はありませんでしたが，浅妻章如「恒久的施設を始めとする課税権配分基準の考察—所謂電子商取引課税を見据えて—」国家学会雑誌115巻３・４号321〜382頁，338頁（2002）の記述はsingle taxpayer approachを前提としていました。

OECD租税委員会はsingle taxpayer approachを棄却しました。single taxpayer approachを採用すると，代理人PE規定の存在意義が全くではありませんが[108]ほとんどなくなってしまう[109]からです。

そこでOECDは**double taxpayer approach**（またはdual taxpayer approach。定訳はありません。Dの代理人PEとE代理人は別々の2人の納税義務者であるという考え方）を提示しました。DがEに代理手数料を支払っているが，Eの遂行した機能によってS国にD社PE（代理人PE）の存在が擬制され，Eの遂行した機能に照らしてD社S国PE帰属利得が算定され，D社S国PEからEに代理手数料が支払われ，**D社PE帰属収益－代理手数料**＝0とは限らず，代理人PE規定の存在意義はある，とOECD租税委員会はいうのです（**図表10-3**）。

しかし，**D社PE帰属収益**はEの遂行した機能に照らしてarm's length standardに従い算定されるはずであり，**代理手数料**もEの遂行した機能に照らしたarm's length standardに従い算定される[110]のだから，**D社PE帰属収益**

108　E代理人がS国居住者でないならば代理人PE規定がS国の税収増をもたらすかもしれません。その他，2001年当時に代理人PE規定がS国の税収増をもたらしうる可能性として考えていた（自分の修士論文に書きませんでしたが）のは，D社とE代理人の人的属性の違いです。

例えば，E代理人が個人であり，代理手数料300のうち何割かが個人所得税制上の種々の控除によって課税対象額が削られるとしても，代理人PEは法人であるD社の一部であるから個人所得税制上の種々の控除によって削られた部分が代理人PE課税においては課税対象に復活しうるかもしれない，と私は考えていました。例えば，Eの代理手数料収入が300，費用が160でも，Eの課税所得が300－160＝140になるとは限らず，他にもEの人的属性により特殊な控除が30あるとすると，課税所得が300－160－30＝110になるかもしれない，しかし代理人PEに帰属する事業利得は300－160＝140のままであり，140に法人所得税率を乗じた額からEの納めた個人所得税額を控除した額として，S国の税収増がありうるかもしれない，といった可能性です。

しかし，OECDが採用したdouble taxpayer approachでは，代理人PE帰属利得計算において代理手数料を控除するので，私がかつて可能性として考えていた形でのS国の税収増はなさそうです。

109　私もまさにこの考えに至り，代理人PE規定はほとんど無駄であるという含意を持ってしまう脚注107，338頁付近の記述について，指導教官（中里実）に相談した際も，そんなことを書いて大丈夫なのかと心配されました。

110　浅妻・脚注107，338頁では，D社がEに対し交渉上優位にありarm's length priceより低い額の代理手数料を支払うかもしれず，その場合にS国で課税対象となる所得をarm's length priceに照らして計算し直し，S国の税収増の可能性がわずかながら存在しうる，という旨を論じました。

一代理手数料 ＝０となるはずだ[111]，というのがsingle taxpayer approachの言い分です。

その後，D社PE帰属収益－代理手数料 ≠０の場面があるか，OECD等で議論されていますが，あるという合意は得られていません。

4 arm's length standardは，課税庁の武器から企業の武器へ①：アドビ移転価格事件

外国企業に日本の課税庁が課税しようとする際に，第９章6の日本ガイダント事件と並んで日本の課税権の限界が明らかになった有名な事例が，アドビ（Adobe）移転価格事件[112]です。

アドビ（アメリカ法人Ａ社とします）は画像処理ソフトのアメリカ系多国籍企業グループです。かつては日本子会社（Ｊ社とします）を通じて日本で商売をしていましたが，日本での納税額を減らすべく，図表10-５のような事業再編（business reorganization）をしました。

図表10-４　日本の顧客がＪ社と契約

図表10-５　日本の顧客がＩ社と契約

111　double taxpayer approachの言い分として，0にならない場面が皆無ではない。なぜなら，D社とE代理人との間の協業によって独立企業間では生じない利益（synergy effect（協業利益）と呼びます）が生じた場合，そのsynergy effectの一部がＳ国Ｄ社PEに帰属し，Ｄ社PE帰属利得－代理手数料＞０となる場合が，皆無とは言えないからだというものがあります。

私も2001年当時にこの筋を検討しましたが，しかし，図表10-１のＢ社本店とＣ支店との関係でsynergy effectの一部がＣ支店に帰属すると考えようとしたら，それはarm's length standardに沿っていないというべきであろう，そうすると，synergy effectの一部がＤ社本店とＤ社PEとの関係においてPEに帰属するという考え方もarm's length standardに沿わないと私は考え，採用しませんでした。

112　アドビシステムズ移転価格事件・東京高判平成20年10月30日訟月54巻８号1652頁。

すなわち，日本の顧客と契約を締結する等の主要な機能はアドビ系列のアイルランド法人（Ｉ社）が担うこととし，日本法人（Ｊ社）は存在しますが，Ｊ社が担う機能を小さくすることで，arm's length standardに照らしてＪ社に帰属する所得は小さい，とアドビ側は主張しました。なぜＩ社に機能を担わせたのか。アイルランドの法人税率が12.5％と低いからです。

日本の課税を回避する目的の事業再編を，裁判所は容認しました。つまり合法的にＪ社からＩ社への所得移転が容認されました。

20世紀には，企業側がarm's length standardに対し警戒感を持っていました。arm's length standardといっても，国によってあるいは場面によって課税庁側が主張してくるarm's length priceの前提として想定されている独立企業間取引が違っているのではないか，という警戒感です。課税庁にとって「実体的な原則のないALS〔arm's length standard〕は，協調の外観を作るためのスローガンとして便利」[113]な武器でした。

21世紀に入り，arm's length priceに関して，企業側の勝訴事例も目立つようになってきました。arm's length standardに従えば，税率の高い国（日本やアメリカ）の法人に帰属する所得は小さいはずだ，という企業側の主張を，裁判所も認めるというタイプの事例が出てきたからです。さらに，裁判にいくまでもなく納税者側の主張を課税庁もしぶしぶ認めざるをえないというタイプの事例もあります（**第15章1**参照）。今や，arm's length standardは企業側の租税回避のための武器になっているともいえる状況です。

5 arm's length standardは，課税庁の武器から企業の武器へ②：*Xilinx*事件

アドビ移転価格事件は日本で有名な企業側勝訴例ですが，世界的に有名な企業

113　岡村忠生「国際課税」岩村正彦ら編『岩波講座 現代の法〈８〉政府と企業』287～320頁，314頁（岩波書店，1997）。

側勝訴例としてアメリカの*Xilinx*（ザイリンクス）事件[114]が挙げられます。

これは，アメリカ法人（A社とします）とケイマン（Caiman Islands）法人（C社とします）が共同でお金を出し合って（**費用分担契約**（cost sharing agreementまたはcost contribution arrangement）といいます）研究開発をするという事例です。ケイマンの法人所得税率は０％です。また，研究開発をする従業員はA社のみが雇っています。

争点となったのは，従業員に対しストック・オプションを提供する費用をA社のみが負担するという費用分担契約が不当にA社の課税所得を小さくしているのではないか，ということでした。

例えば，研究開発に関して費用が100かかり，成功して収益170が得られたとします。A社とC社が半々ずつ費用を負担し半々ずつ収益を得るなら，A社とC社の所得は35（＝170/2－100/2）ずつになるはずです。

費用100の内訳として，ストック・オプション以外の費用が40，ストック・オプションの費用が60であったと想定してみましょう。ストック・オプション以外の費用はアメリカ法人とケイマン法人が20ずつ負担します。ストック・オプションの費用について，課税庁側は，A社とC社が30ずつ負担するはずだと主張しましたが，企業側は，A社のみが60の費用を負担すると主張しました。arm's lengthの関係において，自社が雇っていない従業員のストック・オプションの費用を負担するということは事業慣行上ない，という主張です。課税庁側の主張によればA社の所得は170/２－(20＋30)＝35ですが，企業側の主張によればA社の所得は170/２－(20＋60)＝５となります。

脚注114にあるとおり，この裁判は複雑な経過を辿りましたが，結論として裁判所は企業側の主張を認めました。ストック・オプションの費用のarm's lengthの関係における負担を無視できなかった，ということです。その結果，A社ではなくC社に多額の所得が帰属するという結果になってしまいました。

---

114 *Xilinx v. Commissioner*, 125 T.C. 37（2005.8.30）; reversed by 567 F.3d 482（9th Cir., 2009.5.27）, withdrawn by 592 F.3d 1017（9th Cir., 2010.1.13）; affirmed by 598 F.3d 1191（9th Cir., 2010.3.22）.

アメリカ財務省はこの問題に対処するために規則[115]を改正し，似た事件の*Altera*事件[116]では（やはり複雑な経過を辿りましたが）何とか課税庁側が勝ちました。

115 final regulation T.D. 9088, 26 CFR §1.482-7(d)(2).

116 *Altera Corporation and Subsidiaries v. Commissioner*, 145 T.C. 91(2015.7.27)；reversed by 926 F.3d 1061(9th Cir., 2019.6.7)；rehearing denied by 941 F.3d 1200 (9th Cir., 2019.11.12)；certiorari denied on (Supreme Court, 2020.6.22). *Xilinx*事件と合わせて，浅妻章如「Altera事件等の外国の事例：移転価格とarm's lengthの関係」租税研究803号142～159頁(2016)，岡田至康「Altera事件：第9巡回裁判所（控訴審）判決について［2019.6.7］」租税研究844号249～283頁（2020）参照。

第11章

所得源泉は概ね生産地にある

1 付加価値税は仕向地主義の1つだけ。所得課税は居住課税管轄と源泉課税管轄の2つ

本章は私見に拠っています[117]。特に眉に唾をつけてください。

付加価値税について，国家間の課税権配分基準は1つだけです。需要です（第6章3の仕向地主義）。

他方，所得課税（個人所得税，法人所得税）について，国家間の課税権配分基準は2つです。居住と源泉です。所得課税の国家間の課税権配分基準も付加価値税のように1つにできないのでしょうか。どちらかなくせるでしょうか。

2 居住課税管轄は，ないよりあるほうがマシ

居住課税管轄をなくせるでしょうか。

源泉課税管轄だけ（国外源泉所得に課税しない）という国際租税法体系は，政治的に成立し難いでしょう。A国居住者であるB氏が国内源泉所得100，C氏が国外源泉所得100（源泉地国の課税が軽い）の場合，全世界所得課税（その国の居住者が，その国で稼得した所得だけでなく，その国以外の国で稼得した所得も含めて，すべての所得に対して課税する）を諦めることは，水平的公平（第1章2）に反すると批判されるでしょう。

全世界所得課税の基準は，なぜ居住なのでしょうか。1920年代に国際連盟で国際租税法について議論された際，国籍や参政権など他の候補も議論されました。私達は高校の世界史の授業でボストン茶会（Boston tea party）事件の

117 浅妻章如「所得源泉の基準，及びnetとgrossとの関係（1～3・完）」法学協会雑誌121巻8号1174～1284頁，9号1378～1488頁，10号1507～1606頁（2004）。短縮版として浅妻章如「国際的な課税権配分をめぐる新たな潮流と展望について――国際連盟時代以来の伝統を踏まえて」フィナンシャル・レビュー143号『〈特集〉デジタル経済と税制の新しい潮流（森信茂樹責任編集）』95～122頁（2020）（https://www.mof.go.jp/pri/publication/financial_review/fr_list8/fr143.htm）があります。

「代表なくして課税なし」（No taxation without representation.）という標語を習います。しかし，20世紀，日本も含め各国は制限選挙から普通選挙へと変わりました。税と参政権を結びつけるのは今は無理筋でしょう。

結局，国際連盟で全世界所得課税の基準として選ばれたのは居住でした。稼いだ所得を消費する場所が居住地であるからでした。国籍や参政権といった法的な結び付きより，経済的実態に照らした結び付き（wirtschaftliche Zugehörigkeit/economic allegiance。**経済的所属**または**経済的帰属**と訳されます）が重視され，その結び付きとして，源泉のほか，消費の場所としての居住が選ばれました[118]。

3 源泉課税管轄は，ないよりあるほうがマシ

源泉課税管轄をなくせるでしょうか。

居住課税管轄だけ（非居住者の所得に課税しない）という国際租税法体系は，源泉課税管轄だけよりは，成立しやすそうです。国際連盟の1923年の報告書は，源泉課税管轄はないほうがよいと論じました[119]。源泉地国が課税しようとすると資本がその国から逃げてしまうので，資本輸入国は自発的に源泉課税管轄を諦める，というのです。

私見ですが，この主張について２つの難点を指摘できます。

第一に，経済理論に照らしても，資本輸入国が源泉課税管轄を行使しても，通常収益（normal return）部分を課税対象から除外し，超過収益（extraordinary return）部分だけを課税対象にするならば，資本が逃げる心配は小さい

118 浅妻章如「居住課税管轄の着眼点は消費か」税研214号15～22頁（2020），League of Nations Economic and Financial Commission（Professors Bruins, Einaudi, Seligman and Sir Josiah Stamp）, Report on Double Taxation（Document E.F.S.73. F.19）（1923.4.5）の25頁参照。念のために注記すると，４人の経済学者が作成した1923年の報告書は，経済理論に走りすぎ国家間の公平（この公平の意味が私には理解できませんが）への配慮が弱く，後のモデル租税条約にあまり影響を与えなかったと評されています。谷口勢津夫「モデル租税条約の展開（一）～租税条約における「国家間の公平」の考察～」甲南法学25巻３・４号243～300頁（1985）参照。

119 League of Nations・脚注118，51頁。

でしょう。

第二に，居住課税管轄だけの場合，Ｒ国法人がＳ国に経済的に進出する際に子会社形態で進出してきた場合にＳ国は子会社に課税できるが（**図表９－１**のＦ社とＧ社の関係），支店形態で進出してきた場合は支店に課税できない（**図表９－１**のＢ社本店とＣ支店の関係），という違いが生まれます。もしＣ支店が課税されないなら，Ｆ－Ｇ間の関係や，独立企業であるＨ社，Ｉ社の関係と比べて，arm's length standardに反してしまいます。源泉課税管轄は，ないよりはあるほうがマシでしょう

図表11-1　図表９－１の一部再掲

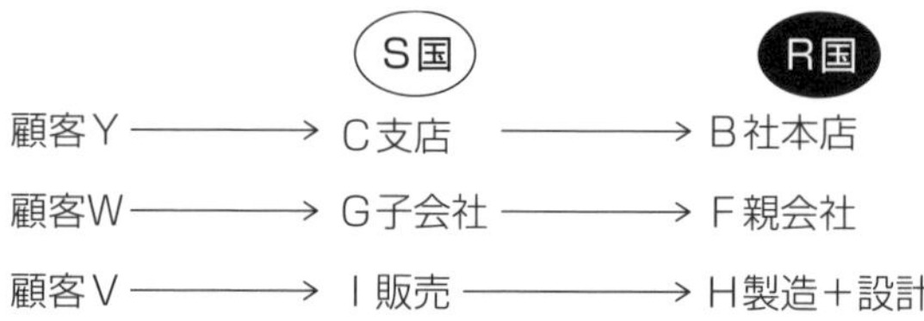

おや？　仕向地主義だけの付加価値税ではarm's length standardは重要ではないのか？という疑問を抱いた読者もいるでしょう。そのとおり，重要ではありません。仕向地主義の長所の１つは，arm's length price算定問題を劇的に減らす（なくなるとまでは言いませんが）ことです。ですが，ここでは所得課税に話を戻しましょう。

4　所得源泉の候補：事業の場所または資産の所在地

包括的所得概念の**所得＝消費＋純資産増加**の式に，場所の概念はありません。所得源泉は何に着目して判定されるのでしょうか。

所得源泉（source of income）という語は，２つの文脈で用いられます。第一に，本書が論じているのは，from whereの所得源泉です。所得の地理的割当（geographical allocation）です。第二に，from whatの意味で所得源泉とい

う語を用いることもあります。本書では，断りなき限り所得源泉はfrom whereの意味で用います。第二の意味の場合はfrom whatの源と表記することとします。

所得源泉は，**事業の場所**または**資産の所在地**にある，と伝統的に説明されてきました。

図表11-2　所得源泉の例

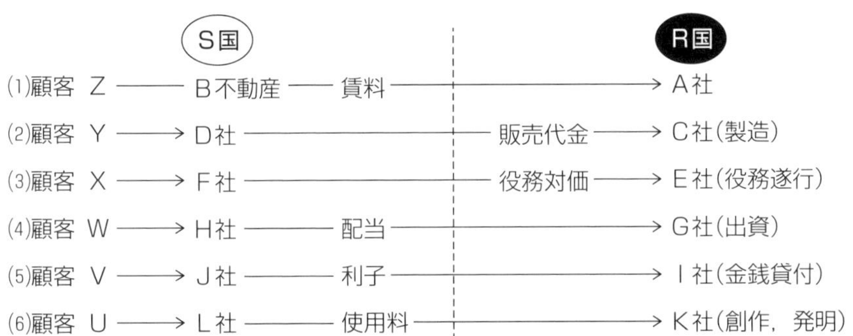

(1)　R国法人A社がS国にあるB不動産を所有し顧客Zに賃貸し，ZがA社に**不動産賃料**を支払います。この賃料の所得源泉はS国にあると観念されます(資産に着目)。

(2)　R国法人C社（S国にPEを有さない）がR国で商品を製造し，S国の小売業者であるD社に販売します。D社は顧客Yに商品を販売します。D社がC社に支払う商品の**販売代金**の所得源泉に関するルールは複雑ですが，概ね，商品を製造していたR国に所得源泉があると観念されます（事業に着目）。仮にS国源泉でもPEがないのでS国は課税できません（**第9章1**）[120]。

(3)　R国法人E社（S国にPEを有さない）がS国のF社に役務（えきむ）（サービス。

120　ドイツの所得税法では，ドイツに所在するPEに帰属する事業利得がドイツ源泉所得である，という規定の仕方をしていて，所得源泉の判定とPEの判定との食い違いが起きにくい構造をしています。谷口勢津夫「外国企業課税に関する帰属所得主義と全所得主義（１～２・完）」税法学389号１～20頁，390号１～19頁（1983）参照。2014年改正後の日本の所得税法161条１項１号はドイツ型の発想を採用しました。

例えば法的助言を提供するという役務）を提供します。F社はS国で顧客Xらを相手に事業をします。F社はE社に役務の対価を支払います。この**役務対価**の所得源泉は，役務遂行地（place of performance）にあります（事業に着目）。E社従業員がR国から通信手段で法的助言をF社に提供する，といった例ではR国源泉でしょう。

⑷　R国法人G社がS国法人H社に出資し，H社はS国で顧客Wらを相手に事業をします。H社がG社に支払う**配当**の所得源泉はS国にあると観念されます。配当のfrom whatの源は株式（H株）であり，その場所は株式発行法人（H社）の居住地国（S国）にあります（資産に着目。OECDモデル租税条約10条2項参照）。

⑸　R国法人I社がS国法人J社に金銭貸付けをし，J社はS国で顧客Vらを相手に事業をします。J社がI社に支払う**利子**についてOECDモデル租税条約11条2項はS国に課税権を認めています。11条5項は，原則として，利子の支払者（J社）の居住地国（S国）で利子が生じたものとする，と規定しています。しかし但書（ただしがき）があります。J社の居住地国と事業遂行地（PE所在地）国が違う場合でその事業からJ社が利子を支払う場合，事業遂行地国を源泉地とする但書です。但書も勘案すると事業に着目して所得源泉が決まるといえます。

⑹　R国法人K社がR国で創作，発明等の活動をし，著作権，特許権を取得します。S国法人L社が，この著作物や特許発明を利用して顧客Uらを相手に事業をする場合，L社はK社から**知的財産**（著作権や特許権）について**ライセンス**（許諾）を受けねばなりません（**第12章2**で詳述）。L社は，K社に見返りとして**使用料**（loyalty：ロイヤルティともいいます）を支払います。知的財産使用料の所得源泉はS国にあります。知的財産という資産の所在地はS国であるとも説明できます。所得源泉はL社の事業の場所にあるとも説明できます（所得税法161条1項11号参照）。ただしS国源泉でもOECDモデル租税条約12条1項は源泉地国の課税を否定しています。

5 所得源泉の候補を2つから1つに絞れるか

所得源泉は，事業の場所または資産の所在地にある，と以上のように説明できますが，可能なら基準は2つより1つのほうがわかりやすいです。学界の定説ではなく私見ですが，資産基準は概ね事業基準に翻訳できる，と私は考えています。

⑴の不動産賃料は，A社が不動産賃貸という事業をS国で遂行しているから所得源泉はS国にある，とも説明できます。

⑵⑶は元々事業基準です。逆に事業基準を資産基準に翻訳できるかというと⑵⑶の例を資産基準で説明することは困難です。

⑷の配当は資産基準ですが，⑸の利子と同様，H社またはJ社の事業の場所が配当または利子の所得源泉であるとも大筋では言えるでしょう。

⑹の使用料は，資産基準でも説明できますが事業基準でも説明できます。

6 所得源泉の候補：所得稼得者の事業か支払者の事業か

勘の良い読者は違和感を覚えるでしょう。所得稼得者の事業に着目している場合（⑴不動産賃料，⑵物品販売，⑶役務提供）と，支払者の事業に着目している場合（⑷配当，⑸利子，⑹知的財産使用料）が混在しており，基準は1つに絞られていない，という違和感です。

むしろ，⑷配当，⑸利子，⑹知的財産使用料については，事業の場所に所得源泉があるというより，需要の場所に所得源泉がある，とも説明できそうです。⑴不動産賃料も需要で説明可能です。なお，本書は消費と需要を区別します。**消費**（consumption）は個人のみがする，**需要**（demand）は個人も法人もする，とします。付加価値税の仕向地主義と同様，所得課税の文脈でも所得源泉は需要の場所にあるという説明には，魅力があります。

しかし，(2)販売代金と(3)役務対価は，需要で説明できません。所得源泉＝需要説は，立法論なら，一聴の価値があります。しかし，現在までの法の分析として，需要で(2)と(3)を説明するのは困難です。

所得源泉を探る際に所得稼得者の事業に着目する場面（(1)(2)(3)）と支払者の事業に着目する場面（(4)(5)(6)）を統一的に説明する方法はないでしょうか。

学界の定説ではなく私見ですが，前段落の着眼点は２つに見えるものの，**概ね**，生産が着眼点であるとして１つに絞れると思います。本書は，生産（production）という語を，製造（manufacturing）よりも広い意味で用います。設計も製造も役務提供も販売活動も生産に含めます。企業が従業員，機械，工場，不動産といった実物の（tangible）生産要素（production factor）を稼働させて所得を稼得するための活動という意味で，生産という語を用います。付加価値（**第５章6**）を生み出す活動という意味です。

投資のリターン（(4)配当や(5)利子）を得ることは生産に含めません。(4)の出資や(5)の金銭貸付は，金銭という，実物ではない物を提供することであり，経済的実態がありません。利子や配当を受けることは，受け手（(4)のＧ社や(5)のＩ社）の付加価値ではありません。また，利子や配当を支払うことは，支払者（(4)のＨ社や(5)のＪ社）の付加価値の計算において控除されません（**第５章6**参照）。(4)利子や(5)配当に関し，生産は付加価値を生み出しているＨ社やＪ社がしており，その生産の場所であるＳ国に所得源泉がある，と説明することで，(1)(2)(3)(4)(5)の所得源泉が統一的に説明できます[121]。

概ね と書きました。(6)知的財産使用料は生産で説明できません。(6)ではＫ社がＲ国で創作や発明という活動をしています。付加価値はＲ国で生み出されています。

所得源泉は生産地にあり(6)は例外である が私見です。

121　(1)の地代に関し，地代支払いは付加価値計算において控除されないので地代受取人の付加価値ではないという疑問が浮かぶかもしれませんが，そのことはＳ国に所得源泉があることと矛盾しません。

7 所得源泉の候補：生産か需要か

勘の良い読者は，所得源泉は生産地にあり⑹は例外であると所得源泉は需要地にあり⑵⑶は例外であるが，説得力において引き分けなのでは？ という疑問も抱くでしょう。

私は，博士論文執筆前，所得源泉は需要地にあり⑵⑶は例外であるという筋で博士論文を書こうと企図していました。書いていくうちに，所得源泉は生産地にあり⑹は例外であるへと変わりました。変わった根拠は，PEについての扱いです。

外国企業に対して課税権を行使するには何らかの物的存在（physical presence）を要するという制約は，国際租税法体系が形成されていった20世紀前半の執行能力に鑑みれば仕方のないことです。本節は，本段落の制約（物的存在要請の制約としておきます）を前提に，どんなルールがありえたか，想像の翼を羽ばたかせます。

R国法人A社（S国にPEなし）がR国で商品の設計＋製造＋販売活動をすべて行い，S国の顧客Zに商品を提供して販売代金900を受け取るとします。また，A社は原料の仕入先であるN（A社の関連企業ではない）に対し仕入代金150を支払い，また賃金等の費用として410を支払っているとします。A社の事業利得は900－150－410＝340です。この事業利得の所得源泉はR国にあると判定されるでしょうが，仮にS国に所得源泉があると判定されても，A社がS国にPEを有していなければ，S国は課税することができません。

次に，R国法人B社のS国C支店がPEに該当すると想定します。B社本店がR国で設計し製造した商品を，C支店がS国の顧客Yに販売し，販売代金900を受け取るとします。また，B社の費用は，原料の仕入先であるNに対する仕入代金150と，B社本店の設計部門及び製造部門の賃金等250と，C支店の販売部門の賃金等160であるとします。B社の事業利得はA社と同様に900－

図表11-3　独立企業間取引と関連者間取引の事業利得配分と課税権配分

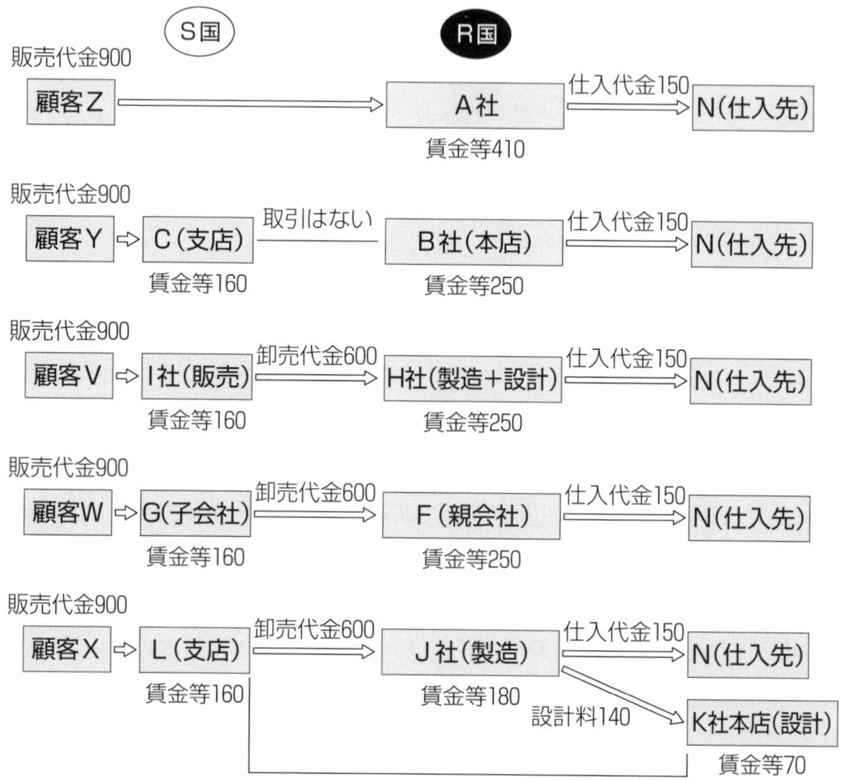

150－250－160＝340です。

しかし，S国にPEがあるといえどもS国が340の事業利得すべてに課税権を有するわけではありません。S国PE（C支店）に帰属する利得だけがS国の課税対象となります（OECDモデル租税条約7条1項第2文）。そして，PE帰属利得は，あたかもPE（C支店）がB社本店と独立の関係にあった場合を想像して算定されます（OECDモデル租税条約7条2項のarm's length standard。非関連のH-I間の所得配分と揃える）。I社がH社に払うarm's length priceが600であるならば，C支店の帰属利得は140（＝900－600－160）です。

arm's length standardは，B社本店とC支店との関係だけではなく，R国法人F社とS国法人G社が関連企業である場合にも適用されます（OECDモデル租税条約9条）。

ここから，想像の翼を羽ばたかせます。

C支店やG社の課税所得がarm's length standardで限定されることは，物的存在要請の制約から必然的に導かれる限定ではありません。もしも所得源泉が需要地にあるとしたら，R国法人B社がS国C支店を有する場合に，arm's length standardを適用せず，340の事業利得すべてがS国の課税対象になる，というルールが形成されていたでしょう。

物的存在要請の制約を前提とすると，所得源泉が需要地にあるとしても，S国にPEがないA社の事業利得340はS国で課税されないが，PEが存在するB社とC支店の事例では事業利得340すべてについてS国が課税してよいでしょう。PEの有無で課税権配分が劇的に変わる，という効果（cliff effect。定訳はありません。段差効果）が生じます。しかし物的存在要請の制約に鑑み，cliff effectはある程度は仕方ありません（仕向地主義の付加価値税の文脈でもcliff effectは当然に生じますが，さほど問題視されていません）。

所得源泉が需要地にあるとしたら，C支店が存在する場合はB社の事業利得340すべてがS国で課税され，そして，F-Gの関係においても，G社に帰属する事業利得140だけでなくF-Gグループ合計の事業利得340すべてがS国で課税されるというルールが形成されていたでしょう。

物的存在要請の制約は，S国から見てR国法人と同一法人格の物的存在（今はそれがPEです）の要請を，必然的に導くわけではありません。S国内の物的存在とR国法人とが同一法人格であっても（B－Cの関係）同一法人格でなくても（F-Gの関係），S国が課税するというルールが考えられます。物的存在要請の制約は，今のPEなければ課税なしルールと同じではないのです。PEなければ課税なしルールは，**PEがあるときだけ課税できる**というルールと言い換えられますが，物的存在要請の制約は，**PEまたは関連企業があるときだけ課税できる**というルールと言い換えられます。

PEがあるときだけ課税できる ルールと PEまたは関連企業があるときだけ課税できる ルールとの違いを考えましょう。

まず，PEがあるときだけ課税できる ルール＋ PE帰属利得だけ課税できる ルールを前提に，図表11-3のＪ－Ｋ－Ｌについて思考実験をします。

Ｒ国法人Ｊ社（Ｓ国にPEなし）とＲ国法人Ｋ社（Ｋ社のＬ支店がＳ国PEである）が関連企業であるとします。Ｋ社本店は設計機能を担い，賃金等70の費用を支払っているとします。Ｊ社は製造機能を担い，賃金等180の費用を支払っているとします。Ｊ社は，原料をＮ（Ｊ社とは非関連）から仕入れ，仕入価格として150を支払っているとします。

また，Ｊ社はＫ社に設計料として140を支払っているとします。Ｊ社は商品を製造しＬ支店にarm's length priceである600で売るとします。Ｌ支店はＩ社やＣ支店と同様に販売機能を担い，900で顧客Ｘに販売し，賃金等160の費用を支払っているとします。

図表11-4　図表11-3の下部を再掲

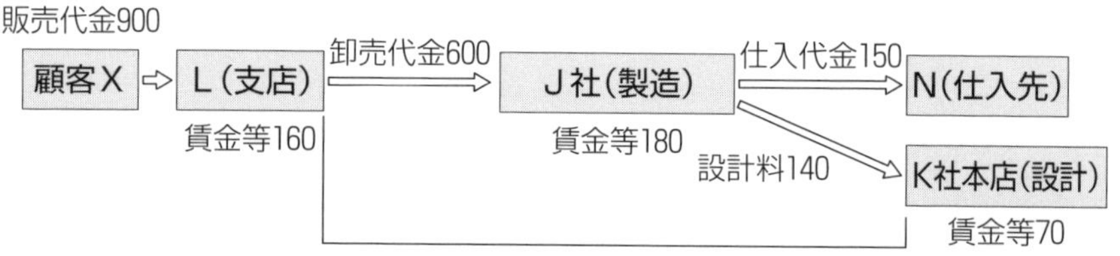

arm's length standardの下で，Ｌ支店に帰属する事業利得は900－600－160＝140（Ｃ支店やＩ社と同じ）です。Ｊ社の事業利得は600－150－140－180＝130です。Ｋ社本店帰属利得は140－70＝70です。Ｌ支店，Ｊ社，Ｋ社本店の事業利得の合計は140＋130＋70＝340です。Ｓ国はＬ支店帰属利得140だけ課税することができます（Ｃ支店やＩ社の例と同様）。

次に，PEがあるときだけ課税できる ルールはそのままで，帰属利得に限らず課税できるルールを想像してみましょう。Ｓ国は，Ｌ支店があることを足掛かりとして，Ｌ支店帰属利得140だけでなくＫ社本店帰属利得70もＳ国での課税所得にする（140＋70＝210）でしょう。

しかし，PEがあるときだけ課税できるルールにより，Ｊ社帰属利得130はＳ国で課税されません。図表11-3のＢ－Ｃの関係なら（そして帰属利得に限らず課税できるルールなら）340にＳ国が課税できますが，Ｊ－Ｋ－Ｌの関係では210しかＳ国は課税できません。所得源泉は需要地にあると観念されているならば，帰属利得に限らない，つまりarm's length standardにこだわらないというルールで，Ｓ国は課税対象を広げようとするでしょう。

しかし，PEまたは関連企業があるときだけ課税できるルールではなくPEがあるときだけ課税できるルールである限り，arm's length standardにこだわらないというルールであっても，Ｂ－Ｃの関係とＪ－Ｋ－Ｌの関係でＳ国の課税対象となる所得は違ってきます。（Ｒ国税率がＳ国税率より低ければ）企業側はＪ－Ｋ－Ｌの関係を利用しＳ国の課税対象となる所得が小さくなる法形式を作るでしょう。すると，Ｓ国も，PEがあるときだけ課税できるルールが物的存在要請の制約とは違うことに気付きます。

次に，PEまたは関連企業があるときだけ課税できるルールで，帰属利得に限らず課税できるルールを想像してみましょう。Ｊ社帰属利得130も含めて関連企業全体の事業利得340にＳ国が課税するでしょう。このルールならば，所得源泉が需要地にあるという説明と整合的です。

もし，所得源泉が需要地にあると観念されていたならば，物的存在要請の制約を前提としても，arm's length standardにこだわらないルールが形成されていたでしょうし，PEがあるときだけ課税できるルールではなくPEまたは関連企業があるときだけ課税できるルールが形成されていたでしょう。しかし，実際の歴史は，PEがあるときだけ課税できるルールを採用し，arm's length standardを採用しました。それは物的存在要請の制約から導かれる帰結ではないので，所得源泉が需要地にあると観念されていなかった，と推論できます。

したがって，所得源泉は生産地にあり⑹は例外であるのほうが所得源泉は需要地にあり⑵⑶は例外であるより説得力が高い，と私は考えます。

第12章

生産への貢献の有無・程度

1　生産に貢献した者が貢献に応じた所得を受けるという発想

所得源泉は概ね生産地にある，という観念は，生産に貢献した者が貢献に応じた所得を受ける，という発想に基づいていると推測できます。

設計機能を担った者は設計という貢献に対応する事業利得を稼得し，製造機能を担った者は製造という貢献に対応する事業利得を稼得し，販売機能を担った者は販売という貢献に対応する事業利得を稼得する，という具合です。そして，arm's length standardは，関連企業間取引で人為的な価格付けにより貢献と対応しない事業利得を納税者が主張することを許さないものである，と理解できます。

また，貢献は必ずしも事業上の機能を担うことばかりではありません。法人に出資する株主も資金提供という貢献をしており，その貢献の見返りとして配当等の投資収益を稼得する，といえます。日本語の出資と貢献は，英語ではどちらもcontributionです。

本書は，機能を担うことを，生産（実物生産要素を稼働させて付加価値を生み出そうとすること）とほぼ同義として用い，貢献という語を機能より広い意味（金銭の提供のような実物でない取引も含める）で用いています。

生産と貢献の区別を意識すると，所得の地理的割当（geographical allocation）と所得の人的帰属（personal attribution）との違いを理解しやすくなります。従来の国際租税法体系は，概ね所得源泉（所得の地理的割当）は生産地にあると観念してきました。

他方，arm's length standardは所得の人的帰属を律しており，概ね貢献に対応する所得の人的帰属が正当視されます。R国居住者がS国居住者に出資し，S国居住者がS国で事業をし，S国居住者がR国居住者に配当等[122]を支払う場合，その所得源泉は生産地であるS国にある一方，R国居住者は出資という貢献に対応した見返りを受け取っているのでR国居住者に所得が人的に帰属することは，おかしくない，ということです。

しかし，本節は，従来の国際租税法の基礎にある通念を説明したにとどまります。具体的な事例では条文解釈の結果として通念に沿わない結果が出るかもしれないこともあります。

2 不作為の対価①：シルバー精工事件とヤクザのみかじめ料

R国法人A社がR国で発明をし，R国特許権とS国特許権を取得したとします。知的財産は国別に存在する（法律用語で**属地主義**）ので，R国特許権とS国特許権は別の財産権であり，それぞれの国で出願しなければなりません。

S国特許権は，他者がその発明を利用してS国で事業をすることを禁止することができる権利（法律用語で**差止請求権**。差止請求権の典型は，土地所有権に基づき他者の立ち入りを排除する権利）です。

もしS国法人B社がA社の発明を適法に利用したければ，B社がA社に**ライセンス**[123]を求める（またはS国特許権を購入する）ことが一般的です。ライセンスは**差止請求権を有するA社が，B社に対して差止請求権を行使しないことを約束する**という契約です。何かをすることを法律用語で**作為**といい，何かをする義務を**作為義務**といい，何かをしないことを**不作為**といい，何かをしない義務を**不作為義務**といいます[124]。A社が不作為義務の見返りにB社から金銭（**使用料**（royalty））を受けることが一般的です。

B社がA社とライセンス契約を締結せず無許諾でその発明を利用した事業をすることは違法です。A社はB社に特許権侵害の損害賠償を請求できます。仮

---

122 R国居住者とS国居住者が株主と会社の関係であれば配当ですが，**第2章2**のような組合の場合もありえますし（組合の場合は法人格がないのでS国の居住者とは呼び難いですが），**第9章6**の日本ガイダント事件のように，匿名組合契約に基づく利益分配ということもありえます。

123 特許権について実施許諾，著作権について利用許諾，商標権について使用許諾という語を用いますが，本書は知的財産の種類で区別せずライセンスと呼んでおきます。

124 Ekkehart Reimer, Der Ort des Unterlassens（Beck, 2004）という研究もあります。直訳すると『不作為の場所』です。

に適法にB社がA社とライセンス契約を締結していたらB社がA社に支払ったであろう金額が，損害賠償額になることが通例です[125]。

法的には，使用料は不作為義務の対価です。しかし経済的には，発明という貢献への見返りといえるでしょう。

具体的な事例では，特許権使用料（または特許権侵害の損害賠償）という名目の支払いであっても，発明という貢献への見返りであるか疑わしい事例も存在します。

図表12-1　シルバー精工事件の概要

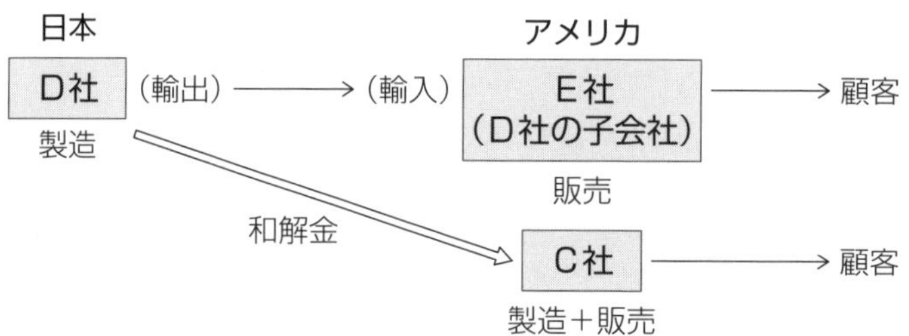

シルバー精工事件[126]の事実経過として，アメリカ法人C社が，日本法人D社（シルバー精工）に対し，**D社製品がC社の特許権を侵害している**と主張し，D社製品のアメリカへの輸入を禁止することを請求する訴訟を提起しました。

D社は，日本で製品（プリンター及びタイプライター）を製造し，D社のアメリカ子会社（E社）に輸出し，E社がアメリカで製品を販売していました。D社は，いろいろ検討し（4段落後で詳述），C社と和解しました。**和解**とは裁判外の紛争解決の1つであり，D社がC社に金銭（和解金）を支払い，C社は訴訟を取り下げる，ということです。この和解金は，特許権侵害の損害賠償

125　特許法102条1項1号，浅妻章如「知的財産侵害における損害賠償と租税法における所得配分（上下）」ジュリスト1248号124～131頁，1250号216～223頁（2003）参照。

126　最判平成16年6月24日判時1872号46頁。(https://www.courts.go.jp/app/hanrei_jp/detail2?id=62453)。

金の代わりであり，損害賠償金は特許権使用料の代わりですから，法的には，和解金は特許権使用料と同視されます。

特許紛争はC－D間の争いですが，シルバー精工事件という裁判は，D社と日本の課税庁との間の争いです。C社が受け取る和解金（特許権使用料）の所得源泉が日本にあるかアメリカにあるかが裁判で争われました。もし日本源泉ならば，D社がC社に特許権使用料を支払う際に，当時の日米租税条約下で，D社が10％の源泉徴収税額を日本の税務署に納付する義務があります[127]。

日本の課税庁は，C社の日本特許権をD社が侵害して日本で製造した製品に関する和解金であるから，日本源泉である，と主張しました。製造段階を重視した先例[128]があったからです。

D社は，アメリカにおける輸入と販売についての和解金であるので，アメリカ源泉である（D社は10％の源泉徴収税を日本の税務署に納付する義務を負わない）と主張しました。裁判所はD社の主張を認め，アメリカ源泉であると判断しました[129]。

ところで，D社は，C社と和解する前，C社の特許権の有効性を調査していました。C社の特許権は無効である可能性が高い，とD社は技術的には判断していました。しかし，1980年代，日米貿易摩擦というものがありました。C社に限らずアメリカ企業は日本製品がアメリカに輸入されることに危機感を抱いていました。D社は，アメリカ国際貿易委員会（USITC）がアメリカ企業に肩入れしてD社製品のアメリカへの輸入を差し止める判断をする可能性が低くない，と予想し，C社との和解に応じました。

シルバー精工事件の裁判では問題になりませんでしたが，D社がC社と和解

127　2003年改定後の日米租税条約12条１項はOECDモデル租税条約と同様に特許権使用料について源泉地国の課税権を否定しています。

128　ジョン・イー・ミッチェル事件・東京地判昭和60年５月13日判タ577号79頁。

129　所得源泉の話から逸れますが，和解の対象がアメリカにおける輸入と販売なので，C社のアメリカ特許権を侵害する主体は日本法人D社ではなくD社のアメリカ子会社E社です。和解金はE社がC社に支払うべきです。E社がC社に支払うべき和解金をD社が代わりに支払うことは，D社のE社に対する贈与（法人税法で**寄附金**といいます）に当たる可能性があります。贈与でないとしても，経済的負担がE社からD社に不当に移転しているので移転価格の問題が潜在しています。中里実『国際取引と課税』142頁（有斐閣，1994）参照。

した後，結局C社の特許権は無効でした。真実としては，C社の発明という貢献の経済的実態はなかったのです。

D社がC社に支払った和解金は，法的には特許権使用料と同視されます。経済的には，特許権が無効という真実に照らすと，C社がD社を脅して金をせしめた，といえるでしょう。ヤクザのみかじめ料と似ています[130]。

それでも，和解金を特許権使用料と同視しないことは法律論としては難しいでしょう。特許権が有効な場合，特許権使用料は，特許権者の差止請求権不行使という不作為義務の対価です。脅しの対価も，C社がアメリカの裁判所や国際貿易委員会に訴えないという不作為義務の対価です。ましてや，和解時点ではC社の特許権が形式的には存在していたので，和解金は特許権使用料と同視せざるをえないでしょう。

ところで，みかじめ料だとわかっていながらみかじめ料をヤクザに支払う場合，支払者の課税所得の計算において費用としての性格が否認される[131]可能性があります。とはいえ，さすがにD社がC社に支払った和解金について，（脚注129の指摘を度外視すれば）費用性は否認されにくいでしょう。

3 不作為の対価②：*Korfund*事件における競業避止契約

特許権使用料は，法的には差止請求権不行使という不作為の対価ですが，経済的には発明という貢献への見返りであろうと前述しました。他方，不作為の対価の中には，経済的にも貢献への見返りとは言い難いものもあります。ここではアメリカの*Korfund*事件[132]を紹介します。

130　浅妻章如「知的財産権等使用料の範囲と所得配分」中山信弘先生還暦記念論文集『知的財産法の理論と現代的課題』580〜598頁（弘文堂，2005）参照。

131　国際取引ではなく国内取引に関する租税特別措置法61条の4（交際費）の事例ですが，オリエンタルランド清掃委託料事件・東京高判平成22年3月24日訟月58巻2号346頁では，清掃委託料という名目で右翼団体に支払った金銭の費用としての性格が否認されました。

図表12-2　*Korfund*事件の概要

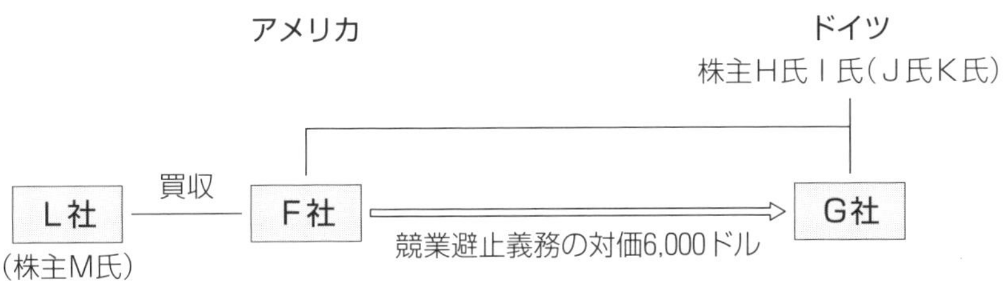

アメリカ法人F社（Korfund社。主たる株主であるH氏はドイツ国籍でありアメリカから見て非居住者（おそらくドイツ居住者））は振動吸収材の製造・販売事業をしていました。また，ドイツ法人であるG社（Zorn社）の主たる株主もH氏でした。1926年にF社とG社は，(a)G社がアメリカでF社と競業しない，(b)G社がF社に技術的助言を与える，等の契約をしました。(a)を競業避止契約（covenant not to compete。競争しないという契約。競業と競争は同じ意味です）と呼びます。

アメリカでF社と競業していたのはL社（F社と非関連）でした。F社はL社を買収しようと考えました。1928年にF社の株主（この時はH氏，I氏，J氏，K氏の4名）がL社の株式を購入するという形でL社を買収しました。L社の株主だったM氏はF社の株式を対価として受け取りました（この後L社やM氏は判決文に出てきません）。また，1928年にF社はH氏と契約し，H氏がF社のみに助言を提供し競業他社に助言を提供しない，F社は利益の10%をH氏に支払うという約束をしました。

1932年まで，G社とH氏は競業避止義務等を守っていました。しかし，1933年に，F社はG社及びH氏に対し，1926年の契約と1928年の契約を解除すると告げ，1933年以降の対価の支払いをしないと告げました。

G社及びH氏は，1926年と1928年の契約におけるF社がG社及びH氏に支払うべき額の回収を，アメリカの弁護士（N氏）に依頼しました。1938年に，N

132　*Korfund v. Commissioner*, 1 T.C. 1180 (1943).

氏は約6,000ドル（G社が約3,250ドル，H氏が約2,750ドル）の回収に成功し，10％に相当する約600ドルが源泉徴収税としてアメリカ課税庁に納付されました。

1926年時点でF社とG社は関連企業ですが，少なくとも1933年以降，関係が険悪であったと理解できます。F社の競業避止義務等の対価の支払いは法的にはarm's length支払いとはいえませんが，1938年にF社が支払った約6,000ドルは，arm's length支払いと同視できる程度に敵対的な関係における支払い（移転価格のような動機がない支払い）といえるでしょう。裁判でも移転価格は論じられていません。

裁判では，この6,000ドルの支払いがアメリカ源泉所得であるか，が争点となりました。競業避止も**本章2**の特許権のライセンスも不作為です。しかし，競業避止は，G社の貢献とは言い難いでしょう。貢献に対応して所得の人的帰属が決まる，という通念が妥当しない事例（そして移転価格や贈与の問題でもない事例）が，実際には起きた，といえます。

当時のアメリカの租税法の条文の解釈として，競業避止義務の対価がアメリカ源泉所得である，という結論を導くための規定はないように私には見えます[133]。しかし，裁判所は結論として，アメリカ源泉であると判断しました。法解釈としては強引であるという印象を私は持ちますが，経済的実態に照らし，アメリカ源泉であるという結論への違和感は小さいでしょう。6,000ドルに関しG社は何ら貢献していないのですから。

判決は，G社がアメリカで競業する権利を有しており，この権利を諦める見返りとして所得を受け取ったところ，アメリカで競業する権利はアメリカ国内における財産権（interests in property in this country）である，と表現しました。伝統的に所得源泉は事業の場所または資産の所在地で説明されてきたと前述しましたが，この判決は資産の所在地で説明しました。

判決の説明には違和感がありますが，6,000ドルのfrom whatの源がF社のア

133　詳しくは浅妻章如「所得源泉再考」租税研究857号171～196頁（2021）で紹介しました。

メリカにおける事業であり，from whereの所得源泉はアメリカにある，と考えれば，アメリカ源泉であるという結論は，所得源泉は概ね生産地にあるという観念とも整合的です。

しかし，貢献していない者の場所に着目した事例もあります。ドイツの判例[134]では，ドイツ居住者である女優（P氏としておきます）がアメリカの映画会社（Q社）から受け取った所得の源泉が問題となりました。Q社の映画の撮影にP氏を呼ぶかもしれないので，呼ばれたら直ちにアメリカに来る，という契約をP氏とQ社は締結しました。一定期間，P氏は他の仕事でアメリカに行けない状態になってはいけない，という不作為の義務です。

結局，P氏はQ社の映画に呼ばれませんでしたが，一定期間待機させたことの報酬をQ社がP氏に支払いました。この不作為の対価がアメリカ源泉であるかドイツ源泉であるか[135]が裁判で争われました。判決は，役務遂行地はP氏の肉体が存在したドイツであり，所得源泉はドイツであると判断しました。Q社とP氏の契約がなければP氏が活動をしたのはドイツであろう[136]から，ドイツ源泉であるという説明です。

経済的実態に照らすと，P氏は何ら生産（映画制作）に貢献していないので，*Korfund*事件と同様，所得のfrom whatの源はP氏の肉体ではなくQ社の映画事業であり，所得源泉はアメリカにある，と私には思えます。しかし，条文解釈としては，役務対価の所得源泉は役務遂行地にあると書かれており，不作為を扱う条文がないので，私の疑問を裁判に反映させる方法がないのかもしれません。

134 Bundesfinanzhof Urteil vom 1970.9.9, I R 19/69.

135 同様の疑問はQ社が支払いをする際にも生じえますが，アメリカでもアメリカ源泉ではないとして扱われていました。

136 ここは変ですね。P氏がQ社と契約していなかったら，ドイツ以外での映画撮影に参加していたかもしれないのですから。

4　契約上の地位は国内資産か：デリバティブ取引事件

所得源泉は概ね生産地にあると伝統的に観念されてきたと私は考えていますが，**概ね**にとどまり，具体的な事件では，法令の文言に着目せねばなりません。

日本から見て非居住者である者がデリバティブ取引で儲け，日本の課税庁が所得源泉は日本にあると主張した事例が複数あります[137]。この事件について私（及び渕圭吾（神戸大学））は納税者側で意見書を書いたので，本節の記述は偏っている可能性が高く，眉に唾をつけてください[138]。

FX取引とは，例えば，ある時点でドルを100円で売る，といった取引です。為替相場が１ドル120円になっていたら20円の損，１ドル90円になっていたら10円の得です（損得があるかも，という状態をポジションといいます）。

FX取引はデリバティブ（derivatives（金融派生商品））取引の１つです。**デリバティブ取引**は，為替に限らず米や石油や株価や天気など，様々なリスクを扱う取引です。博打（投機）としてデリバティブ取引をする人もいますが，例えば，自分は相手方に事業として商品を提供し代金請求権を取得したけれども，ドルで受け取る権利になっているところ，予想より円高になってしまったら痛手なので，ドルを○○円で売るという取引をすることで為替変動リスクを均（なら）す（**hedge**（ヘッジ）といいます），といった活用方法もあります。

Ｔ国居住者のＵ氏が，日本の証券会社（Ｖ社）を通じて日本の証券取引所における株価を扱うデリバティブ取引をし，儲けました。日本の課税庁は，Ｕ氏

137　公表されているのは，裁判の前段階の紛争処理機関である国税不服審判所の裁決です（国税不服審判所平成31年３月25日裁決・裁決事例集114集92頁）。三権分立でいう立法，行政，司法の中で，国税不服審判所は行政です。公表されているのはFX取引についての事案で，私が意見書を書いたのは別の事案ですが，争点は同じです。

138　やはり納税者側に偏っている恐れがありますが竹田修・坂田真吾・佐藤修二「鼎談　契約上の地位の国内資産性」T&Amaster 926号４～14頁（2022.4.11），坂田真吾「非居住者の行う先物取引等のデリバティブ取引についての課税」（2022.1.18更新）（http://s-sakata-law.jp/16303251766075）参照。国側の主張の基礎をなしたと目される中村隆一「国内源泉所得の研究―国内源泉所得の１号所得における『資産』概念―」税大論叢55号279～376頁（2007）も参照。

がV社と契約していることをもって，U氏の所得の源泉が日本にあると主張しました。当時（平成26年法律10号改正前）の所得税法161条１号が国内源泉所得を「国内にある資産の運用，保有若しくは譲渡により生ずる所得（次号から第十二号までに該当するものを除く。）」（現161条１項２号。下線，浅妻）と規定しています。U氏の，V社との契約上の地位が「国内にある資産」に該当し，U氏の所得が日本源泉である，と日本の課税庁は主張しました。

契約上の地位が「国内にある資産」に当たるか，について，私の知る限り先例はありません。相続税法に関し，契約上の地位が相続税法の「財産」に当たる，とした例[139]はあります。被相続人（W氏）が証券会社（X社）を通じてとうもろこしのデリバティブ取引をしていたところ，W氏が死亡し，W氏の相続人Y氏がデリバティブ取引を急遽手仕舞いしました。

W氏とX社との関係は，**委任契約**に当たります。W氏が死ぬと委任契約は終了すると民法653条１号に書いてあります。委任契約が終了すると，W氏がデリバティブ取引に関し有していたポジション（**建玉**（たてぎょく）といいます）も消え，Y氏がW氏から相続する「財産」はない，ということになるでしょうか。

釧路地裁は，W氏の死亡によって委任契約が当然に終了するものではなく，また，「建玉は……契約上の地位であり……相続税の課税財産となる」と判断しました。経済的実態に即した釧路地裁の判断について違和感は小さいであろうと思います。

「契約上の地位」が相続税法とはいえ「財産」に当たりうる，という先例があります。U氏のV社との契約上の地位も所得税法161条１号の「資産」に当たるでしょうか。

本章3の*Korfund*事件は，ドイツ法人G社とアメリカ法人F社との間の契約（競業避止契約）に基づくF社からG社への支払いについてアメリカ源泉であると判断しました。契約上の地位がアメリカにおける資産であると認定した例と位置付けても過言ではないでしょう（念の為。本節の事件で国側が*Korfund*

139　主藤事件・釧路地判平成13年12月18日訟月49巻４号1334頁。

事件を引用したわけではありません)。

しかし，*Korfund*事件におけるF-G間の関係は，前述のU－V間の関係とは似ていない，と私は考えます。*Korfund*事件では，F社がアメリカで事業（生産）をし，所得の一部がG社へ流出しています。G社の所得はアメリカ国内での生産に由来しています。他方，U氏のデリバティブ取引における所得は，要するに博打の儲けですから，日本国内での生産に由来していません。博打にはfrom whatの源がありません。

契約上の地位をもって国内源泉所得を認定した*Korfund*事件があるので，契約上の地位をもって日本の所得税法161条1号の「国内にある資産」を認定するに相応しい事例がないとまでは言い難いでしょう[140]。しかし，少なくともデリバティブ取引のような博打の利益は，日本源泉所得ではない，と私は考えます[141]。

この事例は，裁判では決着しませんでした。令和4年度税制改正により，デリバティブ取引による利益は日本源泉ではないことを立法で確認する，とされました。課税しようとしていた国税庁と，租税立法を所管する財務省との間で，日本源泉所得の範囲について相違があったのでしょう。

ところで未解決の問題があります。U氏のデリバティブ取引による所得は日本源泉ではない，として，では源泉はどの国にあるのでしょうか？　1つの考え方は，デリバティブ取引の利益は，頭を働かせているU氏の居住地国（T国）に源泉がある，というものです。もう1つの考え方（私はこちらです）は，源泉がない所得もありうるというものです。本段落の論点が解決される見通しは今のところありません。

140　例えば，匿名組合契約に基づく利益分配（**第9章6**の日本ガイダント事件参照）は，既に所得税法161条1項16号（現行法）で国内源泉所得であると規定されていますが，仮にこの規定がなかった場合，匿名組合契約に基づき利益分配を受ける権利という契約上の地位が「国内にある資産」に当たり日本国内源泉所得を基礎付ける，という立論の余地がある，と私は考えます。

141　未公表ですが，渕圭吾意見書の中でも，デリバティブ取引における利益の所得源泉がV社所在地国にあるとは考えられていない，という国際租税専門家の間の共通認識が紹介されています。

利子控除制限

1 復習：debt/equityの非中立性

所得課税の文脈における会社・株主の二重課税の問題は，debt/equityの非中立性の問題と絡んでいます（第2章5参照）。

会社が株主に支払う配当（equity）は会社の課税対象となる所得の計算において控除できません。会社が金銭を借り入れた場合に支払う利子（debt）は控除できます。

2 過少資本（thin capitalization）：租税特別措置法66条の5

図表13-1　通常の親子会社関係

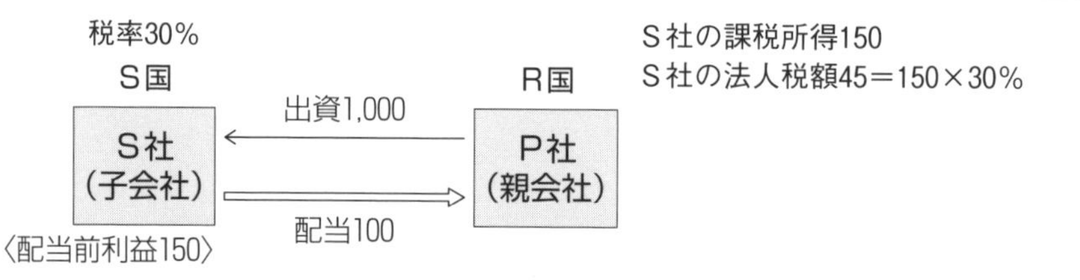

図表13-2　過少資本の親子会社関係

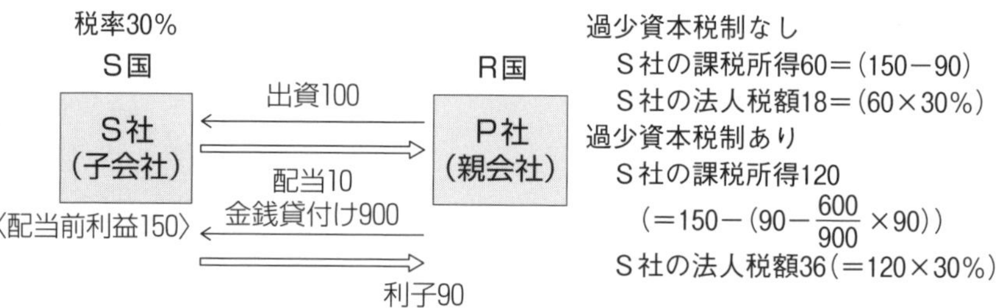

図表13-1では，R国法人P社（親会社（parent company））がS国法人S社（子会社（subsidiary））に1,000を出資（contribution）したとします。S社

がＳ国で事業を営み，配当を支払う前の利益として150の利益が生じたとします。そこから100の配当をＳ社がＰ社に支払っても，Ｓ社の課税所得は150のままです。Ｓ国の法人所得税率が30％であれば，Ｓ社の法人所得税額は150×30％＝45です。

図表13-2でも，Ｒ国法人Ｐ社がＳ国法人Ｓ社を設立します。しかし，出資の額を1,000ではなく100に抑え，金銭貸付け（lending）という法形式で900を提供したとします。やはりＳ社の利子配当等を支払う前の利益が150であったとします。Ｓ社がＰ社に配当として10を支払い，利子として90を支払ったとします。利子支払いは控除できるので，Ｓ社の課税所得は150－90＝60となり，Ｓ社の法人所得税額は60×30％＝18です。

図表13-2のように出資（equity）を減らし金銭貸付け（debt）を増やすことを**過少資本**と呼びます。出資を受けた額を資本（capital）というところ，資本が薄い（thin）からです。

多くの国で過少資本について対策立法がなされています。Ｓ国が日本である場合，租税特別措置法66条の５が，資本の３倍を超える負債に係る利子の控除を否認しています。**図表13-2**では，資本（100）の３倍（300）を超える部分の負債（900－300＝600）について，Ｓ社の支払った利子（90×600/900＝60）の控除を否認します。Ｓ社の課税所得は150－(90－60)＝120となり，Ｓ社の法人所得税額は120×30％＝36になります。日本は３倍と定めていますが，２倍や1.5倍に定める国もあります。

3　過大支払利子税制：租税特別措置法66条の５の２

過少資本税制は，日本法人が外国の親会社に利子支払いをする場面を念頭に置いています。日本法人が親会社でない外国の関連会社に利子支払いをすることで日本の法人所得税額を減らせてしまいます。

移転価格税制（租税特別措置法66条の４）により，日本法人と外国関連会社が独立の関係であった場合と比べて過大に利子支払いをしているならば，その過大な部分を否認することができます。しかし，arm's length standard（独立企業間原則）に沿った契約条件が日本法人と外国関連会社との間で締結されていたら，日本法人の利子支払いを否認できません[142]。

そこで過大支払利子税制が租税特別措置法66条の5の2に立法されました。日本法人が外国関連会社に利子を支払う際，日本法人の利子等支払い前の利益の20％を超過する部分の利子控除を否認します。

4 一般的租税回避否認規定：*Frucor Suntory*事件

ニュージーランドの*Frucor Suntory*事件[143]を紹介します。

2002年，フランス系多国籍企業であるダノン（Danone）のニュージーランド法人であるDanone Holding NZ Ltdという会社（**図表13-3**のH社[144]）が，ニュージーランド法人であるフルコア社（Frucor Beverages Group Ltd）を$（ニュージーランドドル）2.98億で買収しました。2003年，ドイツ法人であるドイツ銀行（Deutsche Bank。**図表13-3**のB社）ニュージーランド支店が$2.04億を年利6.5％でH社に貸しました。おおよそ5年間にわたり，$0.66億の利子がH社からB社に支払われ，H社はニュージーランド課税庁に支払利子の控除を主張しました。

利子控除否認規定はニュージーランド法人から外国関連会社に支払われた利子を想定しています。B社はH社と非関連です。

ニュージーランド課税庁は，H社の親会社であるDanone Asia Pte Ltd（**図表13-3**のA社。シンガポール法人）が，B社に$1.49億を支払っていたことに着目しました。H社がB社から借りたと称する$2.04億のうち本当にB社が提供した資金は$0.55億（＝2.04億－1.49億）だけであるから，H社が支払ったと称

142　脚注146の日本IBM事件。

143　*Frucor Suntory New Zealand Limited v. Commissioner of Inland Revenue*, [2022] NZSC 113 (2022.9.30). 日本のサントリーが買収する前の事例なのでサントリーは関係ありません。

144　原告のFrucor Suntory New Zealand LimitedはH社の後を継いだ会社です。ここではFrucor Suntory New Zealand Limitedも含めてH社と呼び続けることとします。

する$0.66億の利子のうち$0.55億を超える利子だけ控除できる（$0.11（＝0.66－0.55）億だけ控除できる），と主張しました。最高裁も課税庁の主張を認めました。

図表13-3　Frucor Suntory事件の概要

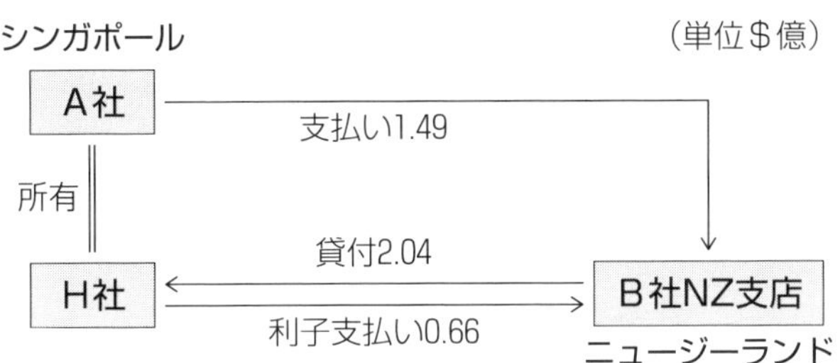

当時のニュージーランド［2004年に作られたという意味で，2004年当時という意味ではありません］2004年所得税法§BG 1という規定は，租税回避の仕組みはCommissioner（国税庁長官）に対して無効（void）である，としていました。また，§OB 1という規定が，租税回避を，直接にまたは間接的に所得税の帰着を変えること，と定義していました。

異常な取引をして租税負担を免れようとする（課税するという規定の要件に合致しないような法形式の取引をする，または，課税を軽くする規定の要件に無理やり合致するような法形式の取引をする）ことを**租税回避**（tax avoidance）と呼びます[145]。対策規定がなければ租税回避は合法ですが，租税回避で租税負担を軽減しようとすることを認めなくする規定のことを**租税回避否認規定**と呼びます。過少資本税制や過大支払利子税制も租税回避否認規定です。過少資本税制や過大支払利子税制については，それらの規定の要件に合致するかどうかの問題になります。

一般的に租税回避を否認するこのニュージーランドの規定のようなものを，

145　金子宏『租税法（24版）』134頁（弘文堂，2021）参照。

GAAR（General Anti-Avoidance Rule）（**一般的租税回避否認規定**）と呼びます。ニュージーランド最高裁は，この事件でGAARの適用を認めました。

日本にはGAARがありません。しかし，過少資本税制や過大支払利子税制より広く租税回避を否認する規定として，法人税法132条（同族会社の行為計算否認）があります（**第2章5**参照）。過大支払利子税制が立法される前に，法人税法132条で日本法人の支払利子の控除を否認しようとした事例がありましたが，有名な2つの事件[146]で納税者側が勝ちました。

5 利子支払いすらせずに利子部分の課税を回避する：buy-in（バイ・イン）

世の中には頭の良い人がいるもので，利子支払いという法形式すら採用せずに，経済実質的に利子部分の課税を免れる方法があります。本節で紹介する手法は，移転価格の文脈で紹介されることが多く，利子控除の文脈で紹介する例は少ないでしょう（眉に唾をつけてください）。

アメリカ法人X社と，法人税率0％のバミューダの法人Y社は関連企業です。X社がアメリカで研究開発をします。

X社が創作や発明などをしてから著作権や特許権といった知的財産をY社に譲渡する場合，不当に安い価格をY社がX社に支払うと，アメリカの税源（tax base）が浸食されます。X社とY社が独立の関係であったなら支払うであろう額をY社はX社に支払う，という前提でX社の所得を計算します（**第10章1：移転価格税制**）。評価困難な無形資産を**HTVI**（Hard-To-Value Intangibles）と呼びます。

X社が研究開発をしてから知的財産をY社に譲渡するのではなく，Y社が資

146 日本IBM事件・東京高判平成27年3月25日判時2267号24頁とユニバーサル・ミュージック事件・最判令和4年4月21日民集76巻4号480頁（https://www.courts.go.jp/app/hanrei_jp/detail2?id=91112）。

金提供をしてX社が研究開発をし，Y社が研究開発の成果を買う，という手法を**費用分担契約**（cost sharing agreementまたはcost contribution arrangement）と呼びます。Y社のX社への資金提供を**buy-in**（定訳はなし）と呼びます。X社もY社も研究開発の成果の権利者になるのが通例です（X社はアメリカ大陸の権利の権利者，Y社は欧州の権利の権利者のように）。本節ではY社だけが権利者になると想定します。

図表13-4　バイ・イン（buy-in）

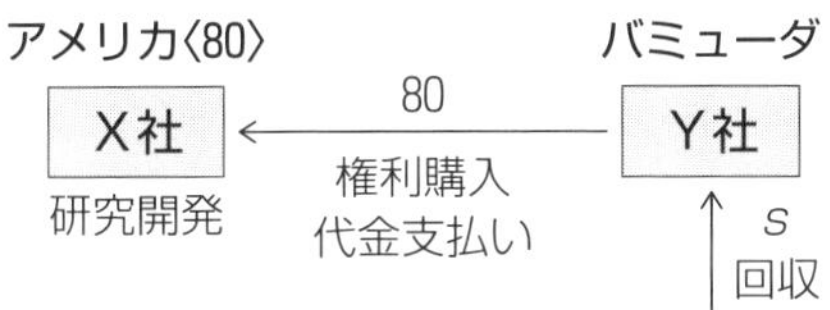

図表13-5　金銭貸付

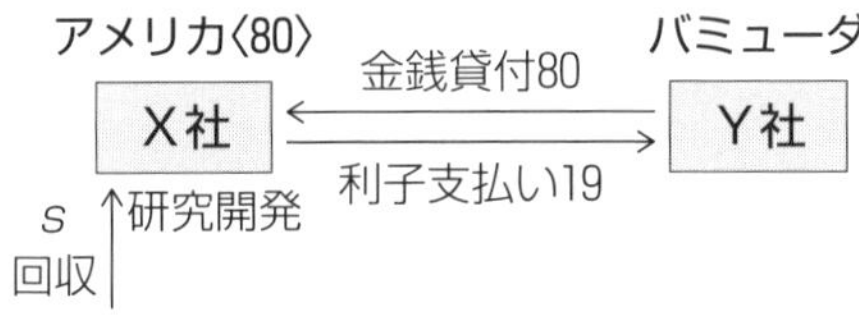

図表13-6　出　　資

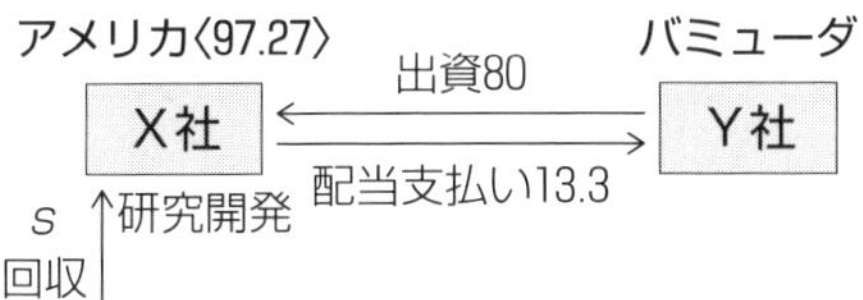

図表13-4：X社が，成功確率半々のプロジェクトを198本遂行すると想定します。1つのプロジェクトが成功すると1回収することができ，失敗すると回収額は0であるとします。割引率10%の世界で，プロジェクト終了時の期待値99のプロジェクト前の割引現在価値は90（＝99/(1＋10%)）です。

しかし，人間は**リスク嫌い**（risk averse）の傾向があります。リスクの高い投資を期待値より低く評価するということです。例えば1年後に確実に110入る権利を今100で買う人でも，リスク嫌いな人は1年後に半々の確率で220または0が入る権利を今100では買わない（買うとしたらもっと低い額しか払いたくない）ということです[147]。

とりあえずの数値としてY社とX社が，前述の割引現在価値90ではなく80をarm's length price（独立企業間価格）と評価するとします。Y社はarm's length priceである80をX社に払います。X社は研究開発をする従業員に賃金80を支払うとします。198本のプロジェクトのうち成功本数をsuccessの s 本とします。s は70かもしれませんし110かもしれません。

$s=70$ の場合，Y社は名目的に10の損です。time value of money（金銭の時間的価値）を考慮するとプロジェクト開始前の80はプロジェクト終了時の88に相当しますから，Y社の経済実質的な損失は18です。$s=99$ の場合，Y社は名目的に19の得であり，time value of moneyを考慮した経済実質的な利得は11です。が，Y社の損得がいくらであるかは正直ここでの関心事ではありません。s がどうなっても，X社は80の資金提供を受け，80をすべて研究開発に注ぎ込み，X社の課税所得は0であるという点がここでの関心事です。もっとも，X社の従業員の賃金はアメリカの個人所得税の税源（tax base）ですから，X社の課税所得は0であってもアメリカの税源は80（**図表13-4**の「アメリカ」の右横に〈80〉と表記。プロジェクト終了時に換算すると88）です。

図表13-5：Y社がX社に80の金銭貸付けをしたと想定します。$s=99$ の場合，いったん99をX社が回収し，X社はY社に元利合計を返済します。この時の利子率は何％でしょうか。割引率10％の世界ですが，arm's lengthの関係で90ではなく80しか投資しないと想定していました。

ということは，arm's length standard（独立企業間原則）に沿った利子率は

147　逆に人がリスク愛好的（risk loving）になる例は宝籤（くじ）です。当選金額3億円で当選確率200万分の1の宝籤は，リスク中立的であれば150円と評価するでしょうが，リスク愛好的な人はもっと高い額（例えば300円）で買うことも厭わないでしょう。

10％ではなく23.75％（＝99÷80－1）であると計算できます。23.75％のうちtime value of moneyに対応する10％を除いた13.75％の部分はリスク負担に対応する部分です。s＝99の場合，X社は80を従業員に投じて99を回収しますから利子支払い前の利益は19であるように見えますが，X社がY社に支払う利子19はX社の課税所得の計算において控除されるので，X社の課税所得は19－19＝0になります（過少資本税制，過大支払利子税制の適用がないとしたら）。アメリカの税源はX社従業員の賃金80だけ（プロジェクト終了時換算で88）になります。

なお，s＜99の場合，X社はY社に99ではなくsしか支払う能力がありませんから，Y社の受ける利子は19ではなくs－80となります。arm's lengthの利子率が23.75％であると説明しましたが，**【s＜99なら利子がs－80，s≧99なら利子が19】**という契約だと，**図表13-4**のY社より**図表13-5**のY社のほうが不利です。

図表13-4のarm's length priceが80であることを前提とすると，**図表13-5**のarm's lengthの利子率は23.75％より少し高い値（例えば25％）になるでしょう。また，Y社が80をX社に貸し付ける際，X社がY社に支払う利子をs－80（s＜99でもs≧99でも）とすると契約することもありえ（利益連動利子といいます），その場合，**図表13-4**と比べ経済的実態における違いはなくなります。

図表13-6：Y社が80を出資してX社を設立していたと想定します。s＝99の場合，いったん99をX社が回収し，名目的な利益19からX社の法人所得税額を控除した額がY社に配当として支払われると想定します。アメリカの所得税率（個人，法人を問わず）を30％とすると，X社は19×30％＝5.7の税をアメリカで納め，X社はY社に19－5.7＝13.3の配当を支払います。配当支払いはX社の課税所得から控除できません。この場合，アメリカの税源は，従業員段階の80（プロジェクト終了時換算で88）と，X社段階の19（s≠99の時，s－80。プロジェクト開始前の割引現在価値は19/1.1または（s－80)/1.1）です。

図表13-5と**図表13-6**は典型的なdebt/equity非中立性です。注目してほし

いのは，**図表13-4**と**図表13-6**との比較です。buy-inは購入でありdebtの投資ではないにもかかわらず，結果としてdebt/equity非中立性と同様の現象が起きています。

かつて**図表13-4**の形でアメリカの課税を回避することが認められていました。**第15章❶**で解説するDouble Irish & Dutch Sandwich（**第14章**でタックス・ヘイヴンを解説してから）という仕組みにおいても，アメリカ法人とバミューダ法人との間で**図表13-4**のようなbuy-inがありました。

当時，アメリカ課税庁は納税者側の主張を否認できませんでした。アメリカ課税庁が**図表13-5**の利子率（Y社のリスク負担を勘案したarm's lengthの利子率）を否認できず，それと同様の結果である**図表13-4**のbuy-inも否認できないからです。

アメリカ課税庁は**図表13-4**のbuy-inのような形でアメリカの税源が浸食（erosion）されることにショックを受け，対策を講じました。そのためには，**図表13-5**の利子率に疑義を呈す必要があります。X社とY社がarm's lengthならばX社のリスクの高いプロジェクト群についてY社がリスクを勘案した高い利子率を要求すると述べていました。アメリカ課税庁は，Y社のリスク負担に疑義を呈しました。X社とY社が別々の法人格であるとはいえ，Y社のお金は結局のところX社（またはその関連会社）に由来するに決まり切っているからです。X社が研究開発など経済的実態のある活動をし，Y社が資金を提供するだけの法人（**cash box**（金庫）法人と呼びます）である場合，Y社がリスクを負担すると契約していても，アメリカの租税法の適用においてY社のリスク負担を否認する，という改正をしました。投資の意思決定をしているのはY社（cash box）ではなくX社（の取締役等）であるからです。

Y社がリスクを負担すると契約していても，Y社が負うと称するリスクのうち起業家リスク（entrepreneurial risk）[148]は否認され，Y社が負うリスクは，ポートフォリオ投資（portfolio investment）[149]程度の投資家のリスク（inves-

148 entrepreneurialは起業家的とも企業家的とも訳されます。どちらでも構いません。

tor's risk）程度にすぎない，という前提の利子率を当てはめます（投資家モデル（investor model））[150]。

図表13-7　Y社が投資家程度のリスクを負うときのバイ・イン（buy-in）

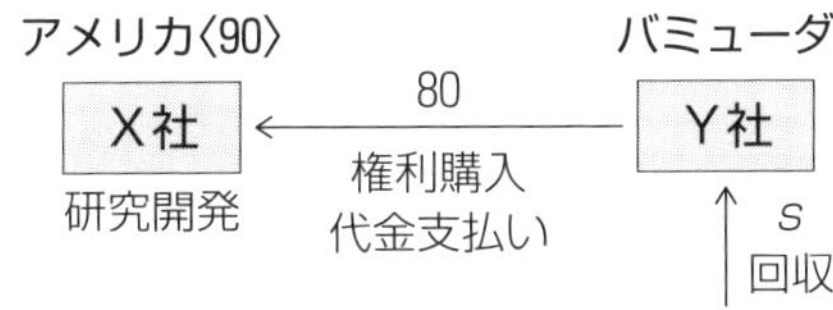

図表13-8　Y社が投資家程度のリスクを負うときの金銭貸付

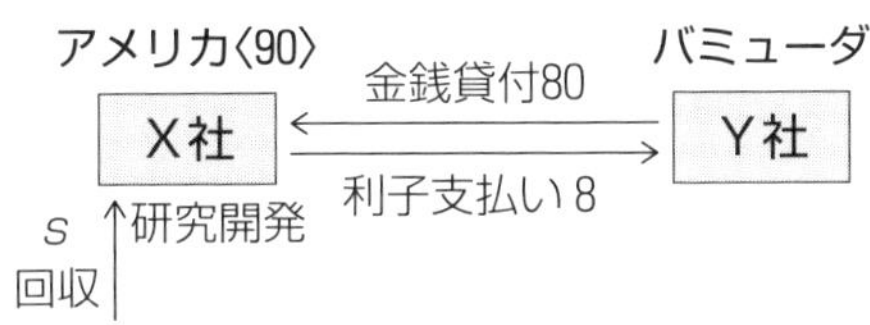

図表13-9　出資＋ACE

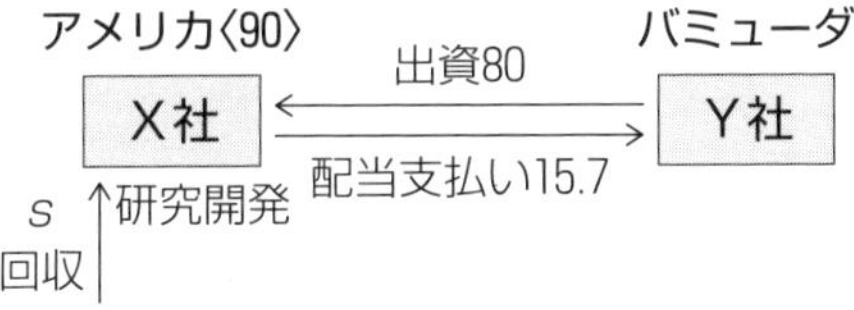

図表13-7：Y社が起業家リスクを前提に80しかX社に資金提供していなかったとしても，Y社は投資家モデルに相当するリスクしか負っていない，つまりY社がX社に90（＝99/（1＋10%））を支払ったという前提でX社の課税所得を計算します。X社はプロジェクト開始前に90を受け取ったと想定し，従業員に80の賃金等の支払いをしているので，X社のプロジェクト開始前の所得は0

149　積極的にリスクを取りにいくのではなく，余った資金を株式や債券に投資して比較的安定的に増やす，というタイプの投資。

150　26 CFR §1.482-7(g)(2)(ii). 神山幸「移転価格税制の適用における無形資産の取扱いについて」税大論叢79号563～749頁，638頁（2014）参照。

ではなく10に修正されます。アメリカの税源（プロジェクト開始前換算）は80＋10＝90です。

図表13-8：arm's lengthの利子率が10％であるとすると，s＝99の場合，いったん99をX社が回収し，X社はY社に元利合計88を返済します。X社の課税所得は19－8＝11となります。11のプロジェクト開始前の割引現在価値は10ですから，アメリカの税源（プロジェクト開始前換算）は，賃金80と合計すると，90です。

めでたし，めでたし……でしょうか。

6 改めて問う：利子は本当に所得か？

図表13-4（buy-in）のアメリカの税源は，プロジェクト開始前で換算すると80です。**図表13-5（金銭貸付）**も，s＝99の場合，アメリカの税源はプロジェクト開始前で80です。

図表13-7（buy-in）のアメリカの税源は，プロジェクト開始前で換算すると90です。**図表13-8（金銭貸付）**も，s＝99の場合，アメリカの税源はプロジェクト開始前で90です。

図表13-6（出資）のアメリカの税源は，プロジェクト開始前で換算すると，80＋(s－80)/1.1です。s＝99の場合は，約97.27です。

図表13-7（buy-in）及び**図表13-8（debt）**で，投資家モデルにより，**図表13-4（buy-in）**及び**図表13-5（debt）**と比べアメリカの税源浸食（base erosion）がほどほどに収まっています。しかしそれでも，**図表13-6（equity）**と比べるとアメリカの税源が小さいです。差の7.27は，プロジェクト終了後で換算すると8です。プロジェクト開始前の80の資金提供のプロジェクト終了時までのtime value of moneyである8です。過少資本税制や過大支払利子税制や移転価格税制をアメリカ政府が工夫しても，time value of money部分の税源浸食は防げていない，とも評価できます。

私は，かつてbuy-inを分析した際[151]，time value of money部分の税源浸食に意識が集中していました。しかし，近年，私の着眼点は変わってきました。

むしろ，time value of money部分の税源浸食は致し方のないことであり，**図表13-6（出資）**でもtime value of moneyの８の控除を認めるべきかもしれません。それが**図表13-9（出資＋ACE）**です。配当の事案でACE（Allowance for Corporate Equity。**第４章7**参照）の発想を導入し，X社の課税所得の計算において８の控除を認めます。s＝99の場合，X社の課税所得は19－８＝11，法人所得税額は11×30％＝3.3，X社のY社への支払配当額は19-3.3＝15.7となります。プロジェクト終了時のX社の課税所得11をプロジェクト開始前に換算すると10ですから，アメリカの税源は，賃金80と合計して，90です。

本書は**第１章**から繰り返し，包括的所得概念は利子に課税する体系であり，消費型所得概念は利子に課税しない体系であることを強調してきました。buy-inは，利子を課税所得に含める包括的所得概念に対し，改めて疑義を突き付けています。

151　浅妻章如「Google等の租税回避の対抗策における移転価格以外の課題」小泉直樹・田村善之編『中山信弘先生古稀記念論文集 はばたき―21世紀の知的財産法』1025～1039頁（弘文堂，2015）。

第14章

タックス・ヘイヴン

1 タックス・ヘイヴンとは

個人所得税率及び法人所得税率が0または著しく低い国または地域（**法域**（jurisdiction））をタックス・ヘイヴンと呼びます。【国または地域】となっているのは，国ではないけれど税制を独自に持つ地域（主に英国植民地）も存在するからです。例えばケイマン諸島（Cayman Islands）[152]は英国の一部ですが，英国本土とは異なる税制が適用されています。たまに税金天国という表現を見かけますが，tax heaven（タックス・ヘヴン）ではなくtax haven（税から避難する所）です。

2 基地会社（base company）

図表14-1　基地会社なしの例　　図表14-2　基地会社ありの例

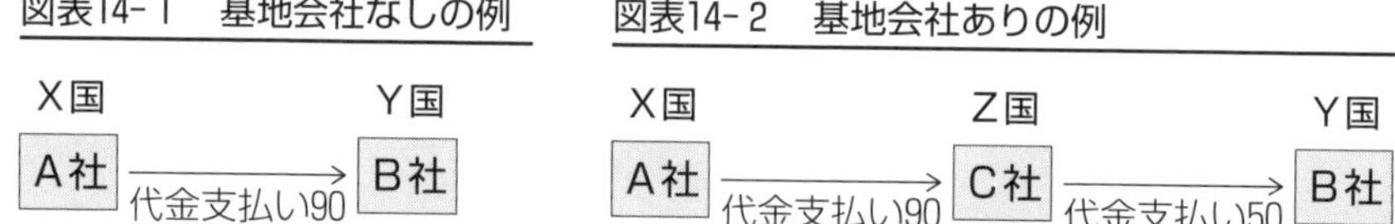

Y国は，日米のように所得税率（個人，法人含め）が高い国であるとします（例えば40％）。Z国は所得税率が0％であるとします。X国のA社とY国のB社は非関連者です。

図表14-1では，Y国のB社が商品を製造しX国のA社に価格90で販売するとします。B社の費用が50であるとすると，B社は90－50＝40の所得について40×40％＝16の税をY国に納めます。

図表14-2では，B社がZ国にC社という子会社を設立したとします。B社は商品を製造しC社に価格50で売るとします。C社はA社に商品を価格90で売るとします。B社の所得は50－50＝0，C社の所得は90－50＝40です。タック

152　トム・クルーズが租税弁護士を演じる映画『ザ・ファーム』（THE FIRM，1993年）参照。私は租税法を勉強しているのにケイマン諸島を訪れたことがありません。いつか行かねば。

ス・ヘイヴンに所得を溜め込むために作られるＣ社のような会社を基地会社（base company）といいます。

Ｂ社とＣ社との間の価格50が不当に低い場合，Ｙ国は移転価格税制で対処します。世界の国際租税専門家の中には，後述のタックス・ヘイヴン対策税制は不要であって，移転価格税制で対処すればよい，と考えている人も少なからずいます（私は与（くみ）しません）。

しかし，例えば，**図表14-１**ではＢ社が負担していた在庫リスクを**図表14-２**ではＣ社が負担する契約になっていたら，どうでしょう。さすがにＢ－Ｃ間の価格を50としたらarm's length price（独立企業間価格）に満たないでしょうけれども，Ｃ社が負担する在庫リスクを勘案してＢ－Ｃ間の価格を75程度にし，Ｃ社にそこそこの所得（90－75＝15）が帰属すると仕組んだならば，arm's length standard（独立企業間原則）だけでは否認し難いかもしれません。

3 軽課税国法人に所得を溜め込む場合の租税回避の経済的実質

Ｚ国Ｃ社のような軽課税国法人にそこそこ所得を溜め込むことを否認できないかもしれないとして，何が悪いのでしょうか？　Ｃ社はＢ社の子会社であり，今，Ｃ社に所得が溜め込まれたとしても，将来，Ｃ社が解散したり配当を支払ったりする時点でＹ国の株主（Ｂ社）に所得は還流します。Ｙ国はそれまで待てないのでしょうか？

第３章１で課税繰延は納税者に有利（Ｙ国の国庫に不利）であることを見ました。

ここで，Ｙ国の所得税率（個人，法人含む）が40％，Ｚ国の税率が０％であると想定し，税引前収益率10％（年複利），包括的所得概念，実現主義を想定してみましょう。

Ｙ国居住者であるＤ氏が第０年度末に税引後所得10,000を投資し，第１年度以降毎年度末に税引後所得を元本に組み入れて投資を続けるとします。第10年度末の税引後元利合計は10,000×{1＋10％（1－40％）}^{10}≒17,908になります。

Y国居住者であるE氏が第0年度末に税引後所得10,000を出資してZ国にF社を設立し，F社が第0年度末にこの10,000を投資し，第1年度以降毎年度末に所得を元本に組み入れて投資を続けるとします。第10年度末のF社の元利合計は10,000×（1＋10％）^{10}≒25,937になります。この時点でF社を清算し25,937をすべてE氏に戻したとすると，25,937－10,000＝15,937の所得がE氏に実現します。E氏は，15,937×40％≒6,375の税を納めるので，第10年度末のE氏の税引後元利合計は25,937－6,375＝19,562となります。E氏のほうがD氏より有利です。

以上が，軽課税国法人の利用を放置し難い理由の，アメリカの租税法学における教科書的な説明です。移転価格税制だけでなく，課税繰延対策税制が必要である，という説明です。

しかし，**本章4**以降で概説するタックス・ヘイヴン対策税制は，アメリカも含め，課税繰延対策税制というだけでは説明がつきません。理論と実際の間に乖離（**本章6**で詳述）があります。

4　タックス・ヘイヴン対策税制／CFC税制／外国子会社合算税制

日本では租税特別措置法66条の6（個人株主については40条の4）が**タックス・ヘイヴン対策税制**を規定しています。これは，軽課税国法人の所得を日本の株主（親会社または個人株主）の課税所得に合算して日本の税率で課税するというものです。

元々はアメリカで発明された課税手法であり，**CFC税制**（Controlled Foreign Company/Corporation legislation。直訳すると被支配外国会社税制）と呼びます。今は世界中の国際租税専門家がアメリカの制度に限定せずCFC税制と呼びます。ドイツではHinzurechnungsbesteuerung（直訳すると加算課税）と呼ばれます。日本では，2010年頃から，ドイツ語に近い**外国子会社合算**

税制という呼び方が増えました。タックス・ヘイヴン呼ばわりが失礼，という意識のようです。本書ではCFC税制と呼びます。

5 CFC税制は【PEなければ課税なしルール】違反か：グラクソ事件

本節のグラクソ事件で私は意見書を書き課税庁側から金銭を受けたので，見解が偏っている可能性にご留意ください。

この事件では，日本法人とシンガポール子会社の関係について日本がCFC税制を適用したのに対し，日星（日本・シンガポール）租税条約７条１項（OECDモデル租税条約７条１項と同様）の **PEなければ課税なし** ルールに違反している，と納税者側が主張しました。

この事件はグラクソ事件[153]と呼ばれています。グラクソ（GlaxoSmith-Kline）は英系製薬多国籍企業です。グラクソの英国法人が英国課税庁から課税され，グラクソ系列のシンガポール法人が株式を売って英国法人の納税資金を用意したところ，たまたまシンガポール法人の株主が日本法人だったので，形式的に日本のCFC税制が発動してしまいました。日本が課税するのは筋が悪い話です。とはいえ，ある者が課税要件を満たしているのに課税庁が立法措置も講じないで課税を控えるとしたら，それはそれで**合法性の原則**[154]に違反します。

グラクソ事件における納税者側の主張の背景として，フランスのCFC税制の適用が仏瑞（フランス・スイス）租税条約に違反する，という判決[155]がありました。他方，フィンランドのCFC税制の適用が芬白（フィンランド・ベ

153　最判平成21年10月29日民集63巻８号1881頁（http://www.courts.go.jp/app/hanrei_jp/detail2?id=38118）。

154　例えば，Y国のG氏とH氏が同じ１億円の所得を稼いだが，ヤクザのH氏に課税したら報復が怖いので課税しない，といった課税権の恣意的な運用は許されません。

155　*Société Schneider Electric*, Conseil d'Éta, 2002.6.28, N° 232276, also reported in 4 International Tax Law Reports 1077～1130.

ルギー）租税条約に違反しない，という判決[156]がありました。

私はフランスの判決がおかしいと論じました[157]。日本の課税庁はそこまでフランスに失礼なことを言わず，フランスの租税法体系及びCFC税制と日本の租税法体系及びCFC税制との違いが大きいので，フランスの判決は日本で参考にならない，と主張しました。フランスは国外所得免税方式であり，フランスのCFC税制を適用する際，スイス子会社の所得をフランス親会社の所得に合算しフランス親会社に課税していると評し難いところがあったためです。

日本は当時（2009年に外国子会社配当益金不算入制度を導入する前）全世界所得課税方式を採用しており，日本のCFC税制はシンガポール子会社の所得を日本親会社の所得に合算するので，日本居住者に対する課税であり，日星租税条約に違反しない，と日本の課税庁は主張しました。

納税者側は，日星租税条約７条１項が「利得」（profit）に着目して規定しており，誰が課税されるかに着目する書き方ではなく，シンガポール子会社の利得が日本で課税されようとしているから，条約違反である，と主張しました。

一審の東京地裁は「誰に対して課税をするのかという観点を形式的に適用する論理は，日星租税条約の潜脱を容易に許してしまうおそれがあるものであって…，そのまま採用することは困難である」[158]と述べ，課税庁側の主張を一部批判しました。しかし条約違反ではないという結論であり，課税庁側を勝たせました。

最高裁も課税庁側を勝たせました。その論理は形式的です。日星租税条約７

156　KHO（Korkein hallinto-oikeus）596/2002（2002:26），2002.3.20, also reported in 4 International Tax Law Reports 1009～1076（英訳に依拠しています）。浅妻・脚注157で「A Oyj Abp事件」と呼んでしまいましたが，「A Oyj Abp」は匿名表記（日本式なら甲社や乙氏に相当）なので（フィンランド人から聞きました），不適切です。

157　浅妻章如「タックス・ヘイヴン対策税制（CFC税制）の租税条約適合性――技術的な勘違いと議論の余地のある領域との整理――」立教法学73号329～396頁（2007）。フランスでは判決が出る前に裁判官ではない人（政府委員と訳されます。脚注155ではAustry委員）が意見を述べることがあり，Austry委員の意見書では詳しい記述があるのですが（もっともAustry委員は条約違反ではないという考えでした），脚注155の判決文では理由はあまり書かれていません。

158　ドイツの議論について谷口勢津夫『租税条約論～租税条約の解釈及び適用と国内法～』185～238頁（清文社，1999），後法優先（本書**第８章2**）について213頁参照。

条1項は「法的二重課税を禁止」していると述べ，納税者側の「利得」に着目した主張を斥けました。**法的国際二重課税**とは，同一の所得が同一の課税対象者について2つの国で課税されるというものです。同一の所得が異なる課税対象者について2つの国で課税されるという事態は**経済的国際二重課税**と呼ばれ[159]，法的国際二重課税と区別されます。この形式的論理を最高裁は採用しました。

CFC税制が**PEなければ課税なし**ルールに違反するか否かという問題は，フランス，フィンランド，日本のみならず，世界の国際租税専門家の関心事でした。OECD租税委員会の多数派は，フランス判決への反発もあり，**CFC税制はPEなければ課税なしルール違反ではない**という旨を，OECDモデル租税条約のコメンタリーに2003年に追記しました[160]。しかし，OECD加盟国の中にはCFC税制を導入していない国（オランダなど）も少なからず存在します。多数派に反対する少数派の国もありました。そしてコメンタリーには，そうした少数派の反対意見も記載されました。

OECDモデル租税条約もコメンタリーも**法源**（ほうげん）（裁判所が従うべき規範）ではありません。裁判所はコメンタリーを無視してよいでしょうか。本件でコメンタリーをどう扱うかに関し，(1)日星租税条約は，2003年より前に締結されたのに，コメンタリーが日星租税条約の解釈に影響を及ぼすのか，(2)シンガポールはOECD加盟国ではないのにコメンタリーの記述が日星租税条約の解釈に影響を及ぼすのか，(3)OECD租税委員会は加盟国の課税庁側の人間の集まりであって課税する側に偏って有利なことを記載する懸念がある，といった疑問が浮かびます[161]。

日本の最高裁は，(1)(2)(3)の点を軽視し，「日星租税条約は，経済協力開発機

159　もっとも，日本のCFC税制では，シンガポール子会社がシンガポールで課された税額について外国税額控除で救済するので，経済的にも国際二重課税とは評しにくいところです。

160　2003年以前も同旨の記載はあったのですが，2002年のフランスの判決を受けて改めてOECD租税委員会の多数派がコメンタリーに書き加えました。

161　私は課税庁側で意見書を書いた身でありながら(3)について問題視しています。浅妻章如「国際租税法におけるルール形成とソフトロー――CFC税制と租税条約に関するOECDコメンタリーの位置付けを題材として」中山信弘編集代表『政府規制とソフトロー』255～275頁（有斐閣，2008）。

構（OECD）のモデル租税条約に倣ったものであるから，同条約に関してOECDの租税委員会が作成したコメンタリーは，条約法に関するウィーン条約（昭和56年条約第16号）32条にいう『**解釈の補足的な手段**』として，日星租税条約の解釈に際しても参照されるべき資料ということができる」と述べました。

6 activeなら課税しないという際のactiveとは？：デンソー事件

本節のデンソー事件について，私は意見書を書いていませんが，納税者側から金銭を受けたので，見解が偏っている可能性にご留意ください。

本章4で，軽課税国法人の所得が日本の株主の課税所得に合算される，と述べました。が，重要な適用除外があります。軽課税国法人が現地で**active**（能動的）な事業をして所得を得ている場合，CFC税制の適用対象から除外されます（つまり日本で課税されません）。日本のCFC税制の立法担当者の解説書は，CFC税制は課税繰延対策ではなく租税回避対策であると書いています[162]。株主が日本居住者であっても軽課税国法人が現地でactiveな所得を得ている場合は租税回避ではない，という趣旨です。

本章3で，軽課税国法人の利用は，教科書的には課税繰延の問題を引き起こすと論じました。理論と実際は乖離しているとも予告していました。軽課税国法人がactiveでも**passive**（受動的。利子，配当など，寝ていても所得を稼げる状況をイメージしてください）でも，経済的実態として課税繰延は生じます。CFC税制が課税繰延対策なら軽課税国法人がactiveでもpassiveでもすべて合算課税すべきです。

最初にアメリカでCFC税制を提案した人もすべて合算課税すべきと考えていました。しかし，アメリカの議会にアメリカの産業界が働きかけ（**lobbying**（ロビイング）といいます）をしました。アメリカ法人の外国子会社がアメリカの税率で課税さ

162　高橋元監修『タックス・ヘイブン対策税制の解説』92頁（清文社，1979）。

れると，現地の会社との比較や，国外所得免税を採用している国（フランス，オランダなど）の法人の外国子会社との比較において，不利になります。そこで，activeならCFC税制の適用対象から除外する（passiveな場合だけCFC税制の適用対象とする）という立法がアメリカでも日本でもなされました。

passiveな所得の稼ぎ方の典型例として，軽課税国法人が他の法人の株式を所有し，配当を得る，というものがあります。しかし配当を得る軽課税国法人のすべてがpassiveとは限りません。日本は2010年の法改正で，日本法人（Ｐ社とします）の軽課税国子会社（Ｓ社とします）が複数の孫会社（M_1社，M_2社，M_3社……とします）の株式を保有し配当を得ている場合であっても，Ｓ社がM_1社，M_2社，M_3社……を統括する業務を遂行している場合，株式保有は統括業務というactiveな事業をするためであるから，日本のCFC税制の適用対象から除外される，という法改正をしました。

デンソー事件は，この法改正の前の事案です。

日本法人であるデンソー（Ｐ社）のシンガポール子会社（Ｓ社）が，複数の東南アジア諸国の孫会社（M_1社，M_2社，M_3社……）を統括し，Ｓ社がM_1社，M_2社，M_3社……の株式を所有し，Ｓ社がM_1社，M_2社，M_3社……から配当を受け取っていました。当時の法律では，Ｓ社が「株式保有」を「主たる事業」とする場合，CFC税制の適用除外はありえない（必ずCFC税制が適用される），と規定していました。

それでもデンソーはCFC税制の適用除外を主張しました。確かにＳ社はM_1社，M_2社，M_3社……から配当を受けているが，Ｓ社の従業員のほとんどはM_1社，M_2社，M_3社……を統括する業務に携わっており，「株式保有」に携わっている従業員はわずかであるから，Ｓ社の「主たる事業」は「株式保有」ではなく統括業務である，と主張しました。2010年法改正前でも，統括業務が「主たる事業」であるならばCFC税制の適用除外がありうる，という主張です。

「主たる事業」に関する先例は，Ｓ社の所得のうち配当の割合が高いと，Ｓ社の「主たる事業」は「株式保有」であると判定する傾向がありました[163]。CFC税制は所得が人為的に日本の課税範囲に入らないようにすることへの対策規定である，と考えると，配当がＳ社の所得に占める割合に着目する解釈手法は，一応の合理性があります。

デンソー側は，「主たる事業」と規定されている以上，着目すべきは所得の割合ではなく，事業である，と主張しました。そして，事業は，従業員等の実物生産要素が稼働してなされるものであるから，「株式保有」に携わる従業員と統括業務に携わる従業員の割合は，軽視できない，と主張しました[164]。

最高裁[165]は，所得の割合を重視する先例の傾向に拘泥せず，Ｓ社が「複数の事業を営んでいるときは，［Ｓ社］におけるそれぞれの事業活動によって得られた収入金額又は所得金額，事業活動に要する使用人の数，事務所，店舗，工場その他の固定施設の状況等を総合的に勘案して判定する」（下線，浅妻）と述べ，所得の割合だけでなく使用人（従業員）も勘案し，デンソー側を勝たせました。

7　active/passiveの区別は今後も続けるべきか？

当時の法をどう解釈適用すべきか，という視点ではなく，CFC税制をどう設計すべきか，という視点では，active/passiveの区別に私は魅力を覚えません。

activeでもpassiveでも軽課税国法人を利用すれば課税繰延の問題が生じる（**本章3**）から，active/passiveの区別にこだわるのはおかしい，というアメリカの立法初期の議論を**本章6**で紹介しましたが，これも私の本意に沿いません。私は包括的所得概念を支持しないので，課税繰延を重要視しないからです。

163　ホンコン・ヤオハン事件・最判平成９年９月12日税資228号565頁。

164　私は別の事件で主張しましたが，納税者側が敗れました。東京地判平成20年10月３日判時2023号13頁，浅妻章如「CFC税制（タックス・ヘイヴン対策税制）の適用除外要件についての一考察」税務弘報56巻２号121～130頁（2008）。

165　最判平成29年10月24日民集71巻８号1522頁（http://www.courts.go.jp/app/hanrei_jp/detail2?id=87157）。名古屋地裁で納税者側勝訴，名古屋高裁で課税庁側勝訴，最高裁納税者側勝訴という経過を辿ったのですが，高裁判決が出た後，最高裁判決が出る前の時点で，同じ論点につき別の裁判官が名古屋地裁で納税者側勝訴判決を出していました。最高裁判決が出るまで待ちたくなるところですが，勇気のある判決です。

CFC税制を有する日米等の不満は，軽課税国法人が大した事業活動をしていないのに，多額の所得が軽課税国法人に帰属しているという，事業活動と所得帰属とのズレにある，と私は推測しています。このズレはarm's length standardで対処する，というのが一部の国際租税専門家の考え方ですが，arm's length standardだけでは対処できないこともある，と私は考えています。arm's length standardは所得の人的帰属だけしか扱えません。所得の地理的割当はarm's length standardでは原理的に扱えないのです。さらに，所得の人的帰属の文脈に限定しても，**第12章3**（*Korfund*事件）で見たように，貢献と所得帰属がズレることはありえます。

CFC税制が不要か否かは，**第10章4**のアドビ移転価格事件への態度で測れます。日本法人からアイルランド法人へリスク負担を移し所得の人的帰属も日本法人からアイルランド法人に移す，という租税回避は，arm's length standardだけでは否認できません。それでも日本の課税権を行使すべき場合があると考える人は，CFC税制の意義を認め（私はこちら），ないと考える人はCFC税制は不要であると考えます。

第13章5では，投資家モデルとして，軽課税国法人の起業家リスク負担を否認する考え方を紹介しました。私は，投資家モデルの結論に反対ではないものの，arm's length standardからの軽度の逸脱[166]と位置付けたほうが正確であると考えています。

さらに一歩進んで，ビデオテープはベータかVHSか，ワープロソフトは一太郎かWordか，といった**ネットワーク外部性**（周りの人が多く使っているほど自分が使う際の利便性が大きい）が効く分野では，リスク負担でも説明し難い所得帰属の偏りが生じうるかもしれません。様々な国際租税専門家がネットワーク外部性の扱いについて考察しており，私も少し考えてみました[167]が，

166　軽度の逸脱は私独自の表現であり学界で人口に膾炙（かいしゃ）した表現ではありません。浅妻章如「国際的な課税権配分をめぐる新たな潮流と展望について――国際連盟時代以来の伝統を踏まえて」フィナンシャル・レビュー 143号『〈特集〉デジタル経済と税制の新しい潮流（森信茂樹責任編集）』95～122頁，113頁（2020）。

167　浅妻・脚注166，116頁以下（2020）。

正直言って，自信はありません。

arm's length standardだけでは対処しきれない所得帰属のズレがあるかどうかについて国際租税専門家の間で意見は一致していませんが，少なくとも高税率国の不満の種ではあります。そして，

- active/passiveの区別を軽視し，事業活動と所得帰属とのズレを否認する方向の立法を模索すべきである
- リスク負担は契約書で調整できるのでリスク負担は軽視すべきである（従来のarm's length standardに対する批判でもあります）

と私は考えています。

軽課税国法人の事業活動を支えている実物生産要素（従業員，機械，工場など）の評価額に通常収益率（normal rate of return）を乗じた額は軽課税国に人的帰属としても地理的割当としても帰属するに相応しい所得であり，日米等の高税率国は手出しをしない，通常収益を超過する部分の収益（超過収益）はCFC税制の適用対象とする，という方向です。一時期OECDで，これに近い考え方が検討されました[168]が，結局採用されませんでした。

168　OECD (2015), Designing Effective Controlled Foreign Company Rules, Action 3-2015 Final Report, OECD/G20 Base Erosion and Profit Shifting Project, OECD Publishing, Paris. DOI：http://dx.doi.org/10.1787/9789264241152-enの「Excess profits analysis」(49頁)。

BEPS対策

本章2以下の内容は出版時（2023年。執筆時点は2022年11月）に変わっている可能性もあるので書いても無駄になる可能性があります。とはいえ，近年の状況も書いておくことは読者にとっても有益かと思い，一応の説明を記しておきます。

1 Double Irish & Dutch Sandwich（ダブル アイリッシュ アンド ダッチ サンドウィッチ）

図表15-1　Double Irish & Dutch Sandwichの概要

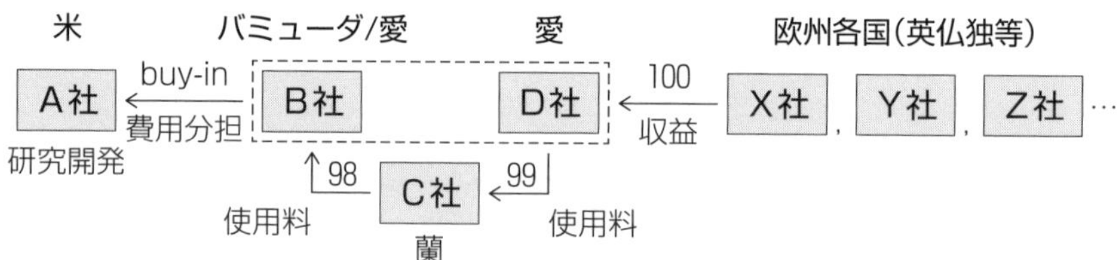

アメリカ法人であるA社（Google）がアメリカで研究開発をします。A社開発の知的財産（特許権，著作権等）は欧州各国を含め世界中で利用されます。B社はA社の研究開発について費用を分担し（buy-in。**第13章5**），B社がA社の研究開発の成果について欧州における権利を買います。

B社はアイルランド法に基づいて設立された法人なので，アメリカから見ると，アイルランド法人です。ところが，ある法人の居住地の判定方法として，アメリカの**設立準拠法基準**（どこの国の法律に基づいて設立されたかに着目する）とは異なり，欧州ではどこでその法人の管理支配がなされているかに着目する**管理支配地基準**が採用されている傾向があります。アイルランドも管理支配地基準です。

B社の管理支配はバミューダでなされていたので，アイルランドから見るとB社はバミューダ法人です（バミューダの法人所得税率は0％です）。B社はお金を出すだけのcash box法人です。

B社は，欧州各国で利用される知的財産の権利者です。B社はオランダ法人C社にその知的財産をライセンスし，C社はD社（アイルランドから見てアイルランド法人）にサブ・ライセンスし，D社はサブ・ライセンスされた知的財産を利用して欧州各国のX社，Y社，Z社……から収益を獲得します。D社はX社，Y社，Z社……と取引をするために2,000名ほどの従業員を雇っており，経済的実態のある会社です。

例えば，D社が（使用料支払い前）収益100を獲得したとします。D社はC社にサブ・ライセンスの対価として使用料99を支払います。D社にほとんど課税所得は残りません。C社はサブ・ライセンスの対価として使用料99を受け取り，B社にライセンスの対価として使用料98を支払います。やはり，C社にほとんど課税所得は残りません。

なぜB社とD社との間にオランダ法人C社を挟む（Dutch Sandwich）のかというと，仮にB社がD社に知的財産をライセンスしD社が対価として使用料をB社に支払うという法律関係だったならば（前述のとおりB社はアイルランドから見てバミューダ法人です）使用料についてアイルランド国内法に基づき源泉徴収税が課せられるところ，アイルランド・オランダ租税条約は使用料について源泉徴収税を禁じている（OECDモデル租税条約12条1項と同様）ので，Dutch Sandwich（オランダをはさむ）により，D社がC社に支払う使用料もC社がB社に支払う使用料も源泉徴収税が課せられません。

X社，Y社，Z社……から回収した収益100は，D社の下でアイルランドでほとんど課税されず，C社の下でオランダでほとんど課税されず，B社に溜め込まれます。

B社はアメリカから見てアイルランド法人扱いです。アイルランドの法人所得税率12.5%は，アメリカ（当時，カリフォルニア州法人ならば州税も含めて40%ほど）に比べて軽いです。アメリカのCFC税制が適用されるでしょうか。

D社は2,000名ほどの従業員を抱える経済的実態のある会社であり，アイルランドから見てアイルランド法人であると述べました。しかし，D社は，アメリカから見ると独立の法人格を持つ会社ではなく，B社の支店として扱われていました。ある**entity**（エンティティ）が，法人として扱われるか否か，国によって異なることがあります。このようなentityをhybrid entity（ハイブリッド エンティティ）（定訳はなし）といいます。そして，国によって税制上の扱いが異なることをhybrid mismatch（定訳はなし）といいます。

アイルランドから見るとＢ社はほとんど経済的実態のないバミューダ法人であるのに対し，アメリカから見るとＢ社＋Ｄ社（Double Irish）は従業員2,000名ほどを抱えてactiveな事業を営む１つの会社です。そのため，アメリカのCFC税制も適用されていませんでした。

最後の頼みの綱は移転価格税制です。Ｂ社がbuy-inとしてＡ社に支払った額が不当に低ければ，Ａ社にarm's length price（独立企業間価格）が支払われたという前提でアメリカ課税庁はＡ社の課税所得を増やすことができます。

しかし，**第13章5**で紹介したように，当時のルールでは，Ｂ社がbuy-inで起業家リスクを負担する，という前提のbuy-inの価格が，arm's length priceより低い，とアメリカ課税庁は主張できませんでした。

Ａ社（Google）は，アメリカ課税庁に対し，事前に「△△の価格でＢ社はＡ社の研究開発の成果についての権利を買うつもりだが，△△の価格で問題ないか？」という旨を尋ねていました（**APA**（Advance Pricing Agreement：事前確認制度）といいます）。そして，アメリカ課税庁はＢ－Ａ間の価格にOKを出していました。

こうした租税回避を行っていたGoogleは，アメリカ以外で稼いだ600億ドルの利益について実効税率が2.4％であった，と推計されていました（さすがにアメリカ国内利益については極端に税を回避できないようです）。2010年10月21日のBloomberg誌[169]で，Googleの租税回避が報道され，世界中の国際租税専門家がその仕組みの巧みさに唸りました。

169 Jesse Drucker, "Google 2.4% Rate Shows How $ 60 Billion Lost to Tax Loopholes"

2 BEPS（base erosion & profit shifting：税源浸食と利益移転）

Googleの租税回避は合法でした。しかし，A社がアメリカで研究開発し欧州各国で利用された知的財産に由来する利益は，B社にほとんど課税されないまま溜め込まれていました。アメリカや欧州各国の高税率国の税源（tax base）が浸食（erosion）され，軽課税国法人に利益が移転している（profit shifting）という事態に，**BEPS**という名がつきました。

Googleに限らずアメリカ系多国籍企業はaggressive（どう訳したらよいか悩みます）にアメリカ以外で発生した所得について租税負担を回避していました。そのため，例えばイギリスなどでスターバックス不買運動が起きたりもしました。

他方，アメリカ系多国籍企業を非難している場合ではない，むしろ，BEPSが可能となってしまっている従来の国際租税法体系を見直すべきである，という機運が2012年頃から高まりました。

国際租税法の議論の中心（forum）はOECDですが，OECD加盟国のみならずG20も国際租税法体系の見直しに参加しました。また，OECD加盟国のみならず非加盟国からも広く意見を徴し（**IF**（inclusive framework：包摂的枠組）といいます），さらに産業界からも広く意見を徴しました。2013年からBEPS Action Plan（ベップス行動計画）として検討し，2015年に報告書が出されました。その後も検討は続いています。

また，従来の租税条約はほとんどが二国間で締結されてきましたが，2016年に多国間協定として**MLI**（Multilateral Instrument）の条文が作られ，日本は2017年６月に署名しました（「税源浸食及び利益移転を防止するための租税条約関連措置を実施するための多数国間条約」，通称，BEPS防止措置実施条約）。

3 価値創造（value creation）

図表15-1を見て，Googleがアメリカで研究開発をした成果に由来する利益について，その価値がB社で創造された，とは誰も考えません。**価値創造**（value creation）[170]のある国に課税権を配分するように，国際租税法体系を見直すべきである，と言われるようになりました。

伝統的な国際租税法体系は，概ね生産地に所得源泉があるという観念に基づいていました。伝統的な考えに照らせば，valueは生産に対応するはずです。

しかし，今までの法はどうであるかという視点ではなく，国際租税法体系をどう直していくかという視点に立ちましょう。valueは，誰かが生産したから存在するのでしょうか？　誰かが需要するから存在するのでしょうか？　valueのfrom whatの源は，生産であるという考え方も需要であるという考え方も，どちらも同程度に説得力があります。

4 第一の柱（Pillar One）：需要も課税権配分の基準となる

現在，Pillar One，Pillar Twoという２つの改革がOECDで議論されています。まずPillar One（第一の柱）から説明します。しかし，最初に注記しますが，第一の柱が2023年以降に実施されるか不透明です。

国際租税法を学ぶ人は PEなければ事業利得課税なし ルールを最初期に習います（本書は異例な順番をとっていますが）。国際租税法体系の大枠は1920年代以降の国際連盟で形作られました。 PEなければ事業利得課税なし ルールは19世紀のドイツのラント（州）間の課税権配分に由来します。しかし，情

170　藤原健太郎「課税権配分の法的分析：仕向地課税と「価値創造」（１～４・完）」国家学会雑誌133巻11・12号773～826頁，134巻３・４号197～247頁，５・６号461～501頁，７・８号581～624頁（2020～2021），浅妻章如「BEPS：value creationとarm's lengthとの異同，次にvalue creation基準の難点」税大ジャーナル27号35～48頁（2017）参照。

報通信技術の発達した現代，物的存在を課税の要件とする PEなければ事業利得課税なし ルールは古臭く見えるでしょう。

しかし，PEなければ事業利得課税なし ルールよりも強力に外国企業への課税を妨げているのはarm's length standard（独立企業間原則）です。

外国企業が日本の顧客に物的存在を介さず商売をしているとして，仮に，インターネット上の存在がPEであると定義する規定を加えたとしましょう。そのPE（ネットPEと呼んでみましょう）は，ホームページが掲載されているサーバーだか情報を流通させているネット回線だかを，支店として扱うものです。ネットPEが外国企業本店と独立の企業であると擬した上で，PE帰属利得を考えます。PE帰属利得は馬鹿らしくなるくらい微小な額になるはずです。

外国企業に課税の網を広げたければ，PE概念を変えるだけでは意味が小さく，arm's length standardを何とかしなければなりません。しかし一国では難しい話です。

そこで，2018年以降，DST（ディーエスティー）（Digital Service Tax：デジタル・サービス税）[171]という所得税ではない税を課す，ということを，フランス，イタリアなど複数の国が言い始めました。

デジタル・サービスの中で特に問題となるのは広告です。Googleが提供する広告を，例えばフランス法人（F社とします）が利用する場合，F社がGoogleに広告掲載料を支払い，インターネット利用者がF社の広告を見ます。GoogleがフランスにPEを有していなければ，フランスが広告掲載料による所得に所得課税をすることは PEなければ事業利得課税なし ルール違反となります。PEがあってもPEの機能を絞ればarm's length standardに照らしてフランスの税源（tax base）は小さくなります（第９章6：日本ガイダント事件参照）。そこで，所得税ではない税を，F社の国外法人に対する広告掲載料等の支払いに対して（所得に対してではなく）課す，という立法がDSTです。

それって租税条約が禁じている源泉徴収税だよね？ という疑問を抱いた

171　渡辺徹也「デジタルサービス税の理論的根拠と課題—Location-Specific Rent に関する考察を中心に—」フィナンシャル・レビュー 143号219〜235頁（2020）等参照。

読者もいるかもしれません。DSTが所得税ではない税なのか，裁判でもしないと結論は出ないでしょう。

従来，OECD加盟国は，所得源泉は概ね生産地にある，という共通了解の下で課税権配分を講じてきましたが，とうとう，需要だけで課税権を行使したい，とOECD加盟国も主張するようになりました。もしかしたら，デジタル産業でアメリカ[172]に後れを取った国々は課税権だけでも確保したい，ということかもしれません。

日本やドイツではDSTの議論が盛り上がっていません。もしDSTを導入したら，日本やドイツがアメリカに輸出している車などについて報復関税をくらう可能性が高いからです。

2019年頃から，アメリカも **PEなければ事業利得課税なし** ルールを変更する検討に参加し，第一の柱として議論が進んでいます。第一の柱が実施されたら，代わりに，フランスなどに対し，DSTを取り下げることを要請しています。

DSTはデジタル取引が対象ですが，第一の柱は，デジタル産業に限っていません。トヨタなどの製造業者もデジタル技術を使っています。大規模（売上高7.5億ユーロ以上）多国籍企業グループは，PEの有無に関係なく，超過収益[173]の一部（**Amount A**（アマウント エー）。「利益Ａ」と訳されます）を，各国の売上に応じて配分します。arm's length standardと異なり，所得を何かの要素[174]に比例させて国家間で配分することを**定式配賦**（formulary apportionment）と呼びます。国際租税専門家の間で，長らく定式配賦は実施不可能と評されてきましたが，超過収益の一部についてとはいえ，定式配賦をやらざるをえない，という考え方に変わってきた，ということです（が，2023年以降に実施されるか不透明です）。

172　中国は国内でデジタル産業を育てているので，あまりDSTの話で表には出てきません。

173　各国の実物生産要素の評価額に擬制収益率（10%）を乗じた値を超過する部分。

174　第一の柱では売上に比例させることとしています。かつてアメリカの州税でよく見られた定式配賦の配分要素は，従業員と資産と売上の３要素でした。

5 第二の柱（Pillar Two）：どこに所得を溜めても15%以上の税率で課税する

最初に注記しますが，第二の柱も2023年以降に実施されるか不透明です（が第一の柱よりは見込みがありそうです）。

CFC税制は，軽課税国法人の所得を高税率国居住者たる株主（親会社など）の所得に合算するという仕組みです。また，軽課税国法人が現地でactiveな事業活動をしている場合は適用除外とする，というのも多くの国のCFC税制に共通して見られる特徴です。

しかし，active/passiveの区別とか言っていても，本章1で見たように，アメリカ系多国籍企業はアメリカ以外で発生した所得について結局のところ華麗に（？）租税負担を回避してきました。

active/passiveの区別を問わず，どこの国の法人にいかなる理由で所得を溜めていても，実効税率が15%未満だったならば，15%と実効税率との差の分の税を，その法人の親会社の国（またはその法人の関連会社の国）で課す[175]，という仕組みを第二の柱（Pillar Two）として構築中です。

6 個人所得税，法人所得税，付加価値税の課税権配分

ところで，BEPS対策は主に所得課税（個人所得税，法人所得税）の文脈で議論されています。

PEなければ事業利得課税なし ルールが情報通信技術の発達した現代に適合しないとしても，需要を課税権配分の根拠にしたければ，元々付加価値税が仕向地主義を採用しているから，付加価値税に任せればよい，と考える読者も

175 CFC税制がなくなるわけではありません。が，第二の柱とCFC税制の適用範囲をどう整理し直すか，実務的な関心事です。岡直樹「GloBEルールと日本CFC」租税研究879号60～104頁（2023）参照。

いるかもしれません。

伝統的な国際租税法の所得課税の文脈では，Ｒ国（residence country：居住地国）とＳ国（source country：源泉地国）の２国モデルで説明されてきましたが，2011年[176]以降，３国モデルが人口に膾炙してきました。

図表15-２　３国モデルの個人所得税，法人所得税，付加価値税の課税権配分

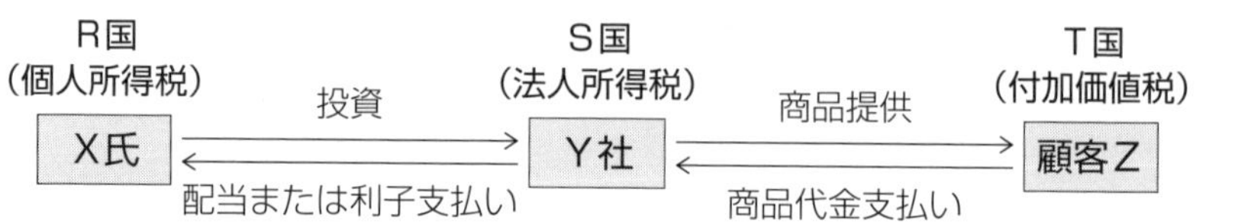

Ｒ国居住者である投資家Ｘ氏が，Ｓ国法人Ｙ社に投資（出資や金銭貸付）をし，Ｙ社がＳ国で商品を製造し，Ｔ国の顧客Ｚにその商品（製品または役務）を提供するとします。

大雑把に言えば，個人所得税はＸ氏の居住地国であるＲ国で課され，法人所得税は生産地国であるＳ国で課され，付加価値税は需要地（仕向地）であるＴ国で課される，という具合に，税目に応じて課税権が国家間で配分されています。

第一の柱のように法人所得税の文脈で無理にＴ国に課税権を配分しようとせずとも，Ｔ国は付加価値税の税収があるではないか，という疑問は成立しえます。

7 DBCFT（Destination-Based Cash Flow Tax：仕向地主義キャッシュフロー法人税）

しかし，アメリカは付加価値税を導入していません（州，市，群といったレベ

176　Institute for Fiscal Studies, Mirrlees Review：Tax by Design（Oxford University Press, 2011）の第18章「Corporate taxation in an international context」。そこでは，図表15-２のＸ氏に相当する者はＹ社の親会社ですが，個人にしたほうがわかりやすいと思います。渡辺智之「電子商取引と課税」租税研究776号161～177頁，168頁（2014）のモデルを参照しています。

ルの政府が売上税を課してはいます）。そこで，アメリカの経済学者達は，2017年末のトランプ税制改正の直前まで，アメリカの連邦レベルの法人所得税を付加価値税に近付ける提案をしていました。DBCFT（ディービーシーエフティー）（Destination-Based Cash Flow Tax）と呼ばれます。「Destination－Based」の部分は，付加価値税と同様に，法人所得税であっても仕向地に課税権を配分しようという提案です。「Cash Flow Tax」の部分は，付加価値税と同様に，法人所得税であっても機械等を購入した際に減価償却費の控除ではなくexpensing方式として全額即時控除を認めよう（**第５章2～5参照**）という提案です[177]。

日本や欧州各国は，法人所得税だけでなく付加価値税を既に有しています。アメリカはともかく，既に付加価値税を有している国がDBCFTを真似すべきなのか，まだ議論が熟しそうにありません。私は，DBCFTは理論的に真っ当な提案であると考えています。

8　国際租税法はなぜままならないのか

本節は生煮えの私見なので眉に唾をつけてください。

図表15-２で見たとおり，今までのところ，法人所得税は主に生産地国であるＳ国に課税権が配分されてきました。しかし，Ｓ国は自国から生産要素（工場など）が外国に逃げることを恐れてあまり課税できません[178]。付加価値税の説明の際に，学界では原産地主義でも高税率国での製造が不利になるわけではないというのが定説であると述べました（**第６章5**）が，それでも実際には付加価値税の文脈で原産地主義を採用する国は見受けられません。

また，**第13章6**で述べたとおり，利子が本当に課税対象に相応しい所得であ

177　浅妻章如『ホームラン・ボールを拾って売ったら二回課税されるのか』（中央経済社，2020）第８章で，キャッシュ・フロー法人税は，借金を課税所得に算入しないタイプ（Rベース）と算入するタイプ（R+Fベース）があると紹介しました。DBCFTはRベースです。

178　とはいえ，実証的には，21世紀に法人所得税率が名目的に下がってきているけれども，法人税収の対GDP比は税率ほどには下がっていません。佐藤主光「法人税のパラドックス」（平成26年３月12日税制調査会資料）

るかについて，私は疑問を以前より強く抱くようになりました。なぜ国際租税法はままならないのか，その答えの一端は，課税すべきでない利子（超過収益を除く通常収益部分）を課税対象に含めようとしているからである，という，やや過激な考えを私は抱くようになっています。要するに，利子という幻（phantom）の所得[179]を追いかけていることが，混乱の根源である，という考えを強めています。

とはいえ，**第1章**で見たように，包括的所得概念と消費型所得概念との理論的対立は決着していません。利子は課税対象にすべき所得であると考える人はいます。

だとしてもです。法人所得税の文脈で包括的所得概念にこだわる意義は弱い，と私は考えるようになりつつあります。個人所得税の文脈で公平（分配的正義）の観点から包括的所得概念を支持するのは理解できなくもないですが，法人所得税の文脈では，利子（通常収益）を課税対象から除外し超過収益への課税を追求すべきである，と私は考えるようになりつつあります。

もっとも，expensing方式によって超過収益だけを課税対象にしている付加価値税に，問題がないわけではないのですから[180]，法人所得税を超過収益課税に変容させる（expensing方式を導入する，またはACEのように通常収益率の控除を認める）としても，問題は頻出でしょう。

それでも，幻の所得である利子を追い求めながら弥縫策を講じるより，目指すべき課税について意見を共有しやすくなるであろう，と私は期待しています。

また，包括的所得概念が大事だとしても，利子課税と経済実質的に近い課税結果は，個人の有する資産価値に資産税を課すことでも達成できます。例えば，利子率・割引率10%，所得税率40%，資産税率４%の場合，資産価値をVとすると，V×４%という形の資産課税は，V×10%という利子相当の収益に対し

179　浅妻章如「居住非関連債権者から非居住関連者への債権譲渡に関する移転価格税制の適用の可否と是非」租税研究868号168～184頁，179頁（2022）。

180　本書では深入りしませんでしたが，付加価値税の文脈で**carousel fraud**（回転木馬詐欺）という脱税が深刻な問題です。浅妻章如「インボイス制度の概要」税理士界1339号17～16面（2016.4.15）参照。

て40%の所得税を課すことと，経済実質的に近いからです（V×4%＝V×10%×40%）。

効率性より公平を軽視してよい法人所得税の文脈では課税対象を超過収益にすることを目指し，公平の観点から個人所得税の文脈で（論争はあるし私は賛成しないが）包括的所得概念を重視するとしても，国家間課税権配分の文脈で利子部分は源泉から除外し，居住地国における租税政策で対処すべきであろう，と私は暫定的に考えています。

あとがき

大学院生の時に電子商取引の国際租税法の問題について共著（渡辺智之・浅妻章如「電子商取引をめぐる国際課税上の諸問題」ジュリスト1183号118～122頁（2000））の機会をいただき，その縁で，修士論文草稿も渡辺智之に見ていただけました。

仕向地主義付加価値税のように，所得課税（主に法人所得税）の文脈でも需要地国に課税権を認めるべきである，というのが拙・修士論文の主張です。渡辺智之から**【君の論文は所得課税の文脈のはずなのに付加価値税の話をしているように読める】**という助言をいただきました。

自分が所得（包括的所得概念でいうところの所得）ではなく付加価値（消費型所得概念でいうところの所得）を頭の中でイメージしながら修士論文を書いている自覚はありました。むしろ，包括的所得概念でいうところの所得が，国際租税法の中ではイメージできませんでした。包括的所得概念vs.消費型所得概念の論争を国際租税法に持ち込むのは筋違いであろう，と当時は考え，渡辺智之の助言どおりの違和感を持たれるであろうことを覚悟しつつ，修士論文では包括的所得概念を前提にしているのか消費型所得概念を前提にしているかについて明言を避けました。

その後，包括的所得概念と国際取引の関係については，橋本慎一朗「OIDルールのデリバティブへの拡張」国家学会雑誌118巻5＝6号600～665頁（2005）とBEIT（Edward D. Kleinbard, Designing an Income Tax on Capital, in Aaron, et al. ed., Taxing Capital Income 165-205（The Urban Institute Press：Washington DC, 2007）により，私なりにイメージを掴めるようになりました（浅妻章如「分析道具としてのCBIT・BEITの理念的モデル」トラスト未来フォーラム研究叢書『金融取引と課税(4)』39～60頁，トラスト未来フォーラム，2016）。

大学院生の時から包括的所得概念を支持していなかった一方で，消費型所得概念を支持すると言うことへの躊躇もありました（今でもこの躊躇は完全には解消されていません）。大学院生の時は，相続税の存在意義を認める方向で未練があり，資産課税は包括的所得概念を支持した場合に正当化できるものなので，自分が消費型所得概念を支持しているのか，迷っていたからです。

その後，消費型所得概念を前提とした場合の相続税の在り方について私なりに固まったので（前著（『ホームラン・ボールを拾って売ったら二回課税されるのか』中央経済社，2020年）の第４章と，浅妻章如「相続等の財産無償移転に対する課税のタイミングについて」『トラスト60研究叢書　金融取引と課税(1)』155～227頁（2011)），包括的所得概念不支持を公言することへの躊躇が，以前より弱くなりました。

ところで，本書の執筆には後ろめたさがあります。他の出版社との関係で拙・博士論文を書き換える作業をしているのですが，そこで行き詰まり感があり，そちらとの約束を後回しにして本書を執筆している，ということへの後ろめたさです。その行き詰まり感は，包括的所得概念vs.消費型所得概念の話と，国際租税法の話との架橋について，私の中で迷いが払拭できなかった，ということです。

その行き詰まり感を抱いている中で，本書の執筆のお話をいただいた際，初学者向けとはいえ包括的所得概念vs.消費型所得概念の話と国際租税法の話との架橋をそれなりに書くことができれば，国際租税法専門家向けの文章においても，この架橋の私なりのイメージを固めることができるのではないか，と期待し，後ろめたさを抱えながら本書の執筆を開始しました。

執筆を始めた頃，*Frucor Suntory*事件（本書**第13章4**）に触れ，その事件での主な論点であるGAARにあまり絡みませんが，利子控除を含めた包括的所得概念vs.消費型所得概念の対立に関し，利子を幻と見る考え方が強まりました。要するに，渡辺智之の助言どおり，付加価値に着目して国際租税法をイメージする方向へ私は戻ってきた，ということです。

【著者紹介】

浅妻　章如（あさつま　あきゆき）

1974年神奈川県生まれ。横浜翠嵐高校卒，東京大学法学部卒，東京大学大学院法学政治学研究科博士課程修了，博士（法学）。立教大学法学部講師，助教授，准教授を経て，現在教授。著書に『ホームラン・ボールを拾って売ったら二回課税されるのか』（中央経済社，2020），『租税法』（日本評論社，2020，酒井貴子と共著）など。

なぜ多国籍企業への課税はままならないのか

2023年10月10日　第1版第1刷発行

著　者　浅　妻　章　如
発行者　山　本　継
発行所　㈱中央経済社
発売元　㈱中央経済グループパブリッシング

〒101-0051　東京都千代田区神田神保町1-35
電話　03（3293）3371（編集代表）
03（3293）3381（営業代表）
https://www.chuokeizai.co.jp
印刷／文唱堂印刷㈱
製本／㈲井上製本所

ISBN978-4-502-46701-1　C3032